酒店文化

职业教育高星级饭店运营与管理（酒店服务与管理）专业教学用书

主　编　赵　历

华东师范大学出版社
·上海·

图书在版编目(CIP)数据

酒店文化/赵历主编. —上海:华东师范大学出版社,
2015.4
 ISBN 978-7-5675-3476-6

Ⅰ.①酒… Ⅱ.①赵… Ⅲ.①饭店-企业文化-中等专业学校-教材 Ⅳ.①F719.3

中国版本图书馆CIP数据核字(2015)第087985号

酒店文化

职业教育高星级饭店运营与管理(酒店服务与管理)专业教学用书

主　　编	赵　历
责任编辑	李　琴
审读编辑	沈吟吟
装帧设计	徐颖超
出　　版	华东师范大学出版社
社　　址	上海市中山北路3663号
	邮编 200062
营销策划	上海龙智文化咨询有限公司
电　　话	021-51698271　51698272
传　　真	021-51621757
印 刷 者	上海新华印刷有限公司
开　　本	787×1092　16开
印　　张	7
字　　数	165千字
版　　次	2015年8月第1版
印　　次	2024年2月第4次
书　　号	ISBN 978-7-5675-3476-6/G·8238
定　　价	22.00元

出版人　王　焰

(如发现本版图书有印订质量问题,请与华东师范大学出版社联系
电话:021-51698271　51698272)

Chubanshuoming 出版说明

本书是职业教育高星级饭店运营与管理(酒店服务与管理)专业教学用书。

关于"酒店文化"的表述通常由三个圈层构成,第一圈层即酒店的物质和服务文化,第二圈层为管理文化,第三圈层为精神文化。《酒店文化》就是以上述三个圈层理论为依据进行编写的,兼顾可读性、趣味性。全书采用各个场景的编写方式,层层递进,展现了酒店文化发展历程。全书主要栏目设置如下:

学习目标:明确对于本篇内容的学习应达到的目标。

小贴士:针对知识点进行资料补充和说明。

课后加油站:设置实操性较强的习题,帮助学生巩固之前所学的知识点。

本书相关资源请至 www.shlzwh.com 中的"教学资源"栏目,搜索关键字"酒店文化"进行下载,或与我社客服联系:service@shlzwh.com,13671695658。

另,本书部分图片取自网络和其他书籍,来源明确的已做标注,如有不妥之处,请联系我们。

华东师范大学出版社
2015 年 8 月

Qianyan | 前 言

党的二十大报告指出："从现在起，中国共产党的中心任务就是团结带领全国各族人民全面建成社会主义现代化强国、实现第二个百年奋斗目标，以中国式现代化全面推进中华民族伟大复兴。"中国式现代化的其中一点就是有关物质文明和精神文明相协调的现代化，因而大力发展社会主义先进文化，繁荣发展文化事业和文化产业需要基于知识的继承和发展、文化的积淀和传承。

作为现代社会经济发展的重要支柱之一，酒店业在成长的过程中逐渐形成了其特有的文化内涵，并转化成酒店员工共同拥有的价值观、酒店精神、经营哲学等，酒店文化渗透于企业的各个角落，也是其灵魂所在。

对"酒店文化"的表述通常由三个圈层构成，第一圈层是最表层，即酒店的物质文化和服务文化；第二圈层是管理文化，主要通过管理思想、管理制度、管理组织和管理方法四个方面来反映；第三圈层是精神文化，即酒店的价值观、企业精神、服务理念、行为准则等。这三个圈层逐层递进构成酒店文化的系统工程。

全书以上述三个圈层理论为依据，同时兼顾可读性、趣味性，着重以实例、图片为载体以提升学生学习酒店文化的兴趣，能多角度地体味酒店文化的独特魅力。

全书共分六篇，赵历主编并统稿。其中，第一篇由赵历编写，第二篇由郑益谦、谢怡漾编写，第三篇由宋玲洁编写，第四篇由唐菊、孙建辉、甘炜共同编写，第五篇由安真真编写，第六篇由孙天星编写。在此对上述同仁们的辛勤付出表示由衷的感谢。同时也对协助本书出版的华师大出版社表示诚挚的谢意。另外，特别感谢厦门佰翔软件园酒店为本书提供的封面图，以及厦门香克斯酒店为本书提供的内封图。

《酒店文化》虽经多次修改，但书中难免会存在错误或不妥之处，敬请广大读者批评指正，以便今后能更加精进。

赵 历
2024.02

目录 MULU

第一篇　前世今生　1
- 场景一　雏形初现——古客栈时期　1
- 场景二　金碧辉煌——大饭店时期　3
- 场景三　日新月异——商业时期　7
- 场景四　百花齐放——现代新型时期　10

第二篇　名人轶事　14
- 场景一　出类拔萃——大人物　14
- 场景二　卓尔不群——大品牌　24
- 场景三　誉满天下——大事件　31

第三篇　秀外慧中　36
- 场景一　独具匠心——酒店硬装潢　36
- 场景二　温情暖人——酒店软服务　50
- 场景三　严谨有效——酒店优管理　53

第四篇　中西风情　60
- 场景一　国风雅韵——中式文化特色的酒店　60
- 场景二　美范欧风——西式文化特色的酒店　69
- 场景三　珠联璧合——多种文化特色兼容的酒店　75

第五篇　百家齐鸣　82
- 场景一　古为今用——现代客栈与城堡　82
- 场景二　别有洞天——主题酒店　86
- 场景三　平易近民——经济型酒店　88

第六篇　奇思妙想　90
- 场景一　突飞猛进——科技发展引领酒店智能化　90
- 场景二　与众不同——新概念客房引领酒店个性化发展　94
- 场景三　上天入地——未来酒店所在地新奇化　96

参考资料　101

第一篇　前世今生

学习目标
1. 了解酒店的历史发展阶段。
2. 了解酒店文化各阶段的发展特点。

依据人类社会的历史演变，人们将经历过多个重要历史阶段、发生数次变革的酒店业划分为四大阶段，本书将其喻为酒店"坎坷的成长之路"。让我们将时间的指针拨回12世纪，去一探究竟酒店漫长的成长史路。

场景一　雏形初显——古客栈时期

"酒店"一词在12世纪至18世纪的600多年里一直未曾出现，所谓的"酒店"也远非如今我们所看到的样子。因为当时的物质资源十分匮乏，使得人们对于文化、经济等各方面的交流迫不及待，但极为落后的交通条件与设施，使长途跋涉所需的住宿与就餐问题成为首要阻碍，这也催化了"原始酒店"的雏形初显。人们将这600多年所处的阶段命名为"古客栈时期"。

一、历史追溯

12世纪的中西方，物资匮乏，在悠长的驿道上，驼队或马帮缓缓前行的场景处处可见。当人们望见远处飘扬的酒旗，都会停下脚步歇息片刻，豪放畅饮一番以此舒缓一下长途跋涉的劳累，这些真实历史片段的写照，虽不全面，但也反映了原始形态下的酒店雏形——我国古代称为"驿站或客舍"（见图1-1），西方则称为"客栈"（见图1-2）。

600多年的古客栈时期之所以存在时间如此之久，其根本原因是该时期各国的物质财富都不宽裕，因此希望通过与他国的贸易获得更多新的资源。依靠马匹或骆驼作为长途交通工具，携带稍多的物资就必须在中途休憩并补充给养。因此，中西客栈或驿站都建造在疆域临界处，或是两个相距较远的地域的中间位置，由此满足各国相互间的政治沟通、宗教传播、商务旅行、帝王贵族巡游以及军事机要传递等需求。

图 1-1　中国古驿站 　　　　　　　图 1-2　西方古客栈遗址

二、中西异同

前文提到由于交通条件限制，使得古代中西方在互通交流中都遇到了同样的困难。因此，不论王孙贵族还是商贾僧人，他们的需求都十分统一且简单，即有个在长途跋涉后能为其挡风遮雨的落脚点，并有一定的食物充饥。因而，古客栈的各种设施以及服务都显得粗糙、简陋。而古客栈的主人则需身兼管理者、服务员或是厨子数职。由此可见，中西方在入住客人的身份、交通工具的使用及客栈人员的工作角色方面有着异曲同工之处。但又因各自不同的文化背景，在诸如建筑结构与用材、食物的种类与烹制方式等方面仍存在差异。

表 1-1 中的信息能帮助大家有更直观的认识。

表 1-1　中西异同

建筑	 中式古客栈以土木结构为主	 西式古客栈以砖石结构为主
食物	 中国古代旅途中以携带或供应面食为主，如：烙饼、面条等	 西方古代旅途中以携带或供应奶酪、肉食、粗面包为主

续表

客人	中西方各国都是以贸易商人、传教僧侣、行军士兵以及出行皇族官宦为主
服务	中西古客栈的店主与小二基本都是同一人,且身兼厨师等其他角色 中西古客栈内设施简陋,一般设有牲畜棚,便于那些作为交通工具及驮物品的马匹或骆驼休憩

三、历史意义

客栈虽简陋,但不可小觑它所起到的重要作用。尽管古时交通设施落后,但有了这些简屋漏瓦作为落脚之处,就能为人们在漫长的旅途中平添一份希望,获得片刻喘息。而更具意义的是来自天南地北,具有不同文化、习俗、信仰背景的旅人有机会相逢、相识、相知,俨然缩短了彼此间的距离。因此,古客栈能持续存在数百年自有其道理。

场景二 金碧辉煌——大饭店时期

随着经济商贸产业的迅猛发展,人们获得的物质条件也越发优越,此时有一部分人开始厌倦只能遮风避雨的场所或是粗糙寡淡的食物。所以,仅能达到最低需求标准的简单食住条件已无法使旅人感到满意,特别是西方社会的上层阶级,他们希望能有与其身份相符的舒适住宿、精美可口的优质食物、休闲雅致的娱乐场所,让他们在出行的同时能享受与平民百姓不同的环境与服务。由此,新的酒店发展时期应运而生。

一、西方酒店业的腾飞

从18世纪开始至19世纪中叶,强大的经济实力与能力使各种物质条件有了质的飞跃。在历史大环境的推动下,"酒店"这一名词正式进入历史舞台,由"草根期"飞跃至"豪华期",业界称为大饭店时期。

> **小贴士**
>
> "酒店"一词的"正身"
>
> 在1800年的《国际词典》中写到:"饭店是为大众准备住宿、饮食与服务的一种建筑或场所。"一般说来,就是给宾客提供歇宿和饮食的场所。在我国国家标准中也称"酒店"。因此,自18世纪告别客栈时期起,才出现"酒店"或是"饭店"的叫法。

由客栈转变至酒店形态,其变化可谓翻天覆地。为了迎合上流社会人士的需求,诸如图1-3所示的大型豪华酒店建筑格局应运而生。尤其是该时期后阶段的酒店装潢设计风格成熟且几近鼎盛,乃至现今的很多酒店均加以仿效,并将其作为高档配置的标尺。可见,当时酒店的发展已达到了顶峰阶段,"豪华与经典"成为其当之无愧的标志特征。

图1-3 巴黎大饭店

彼时酒店的外部豪华气派所带来的震撼,与其内部奢华带来的享受相得益彰。令人炫目的大型豪华灯饰在该时期就已出现,使得人们走进酒店的第一时间便被夺目的灯光包围,彰显了入住客人身份的尊贵。当进入客房内部,独具匠心的装饰与编织精美的帷帐相辅相成,柔软舒适的卧床更是让人备享舒适。此外还有精心制作的可口食物搭配着精巧的银制餐具,彬彬有礼、训练有素的服务生随侍在旁等候差遣,更能突显客人身份的尊贵。不得不说,"豪华无处不在"!

表1-2为大家诠释了这些酒店的豪华"内在"。

表1-2 西方酒店的豪华配置

内外环境	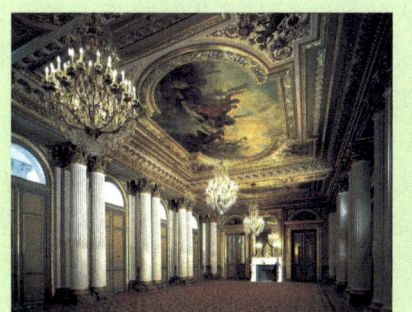 金碧辉煌的装饰 	舒适奢华的客房
客人身份	 18世纪欧洲贵族 	19世纪富裕商人
精美食物	  精致茶点与餐具 	纯酿美酒
专业服务	  周到体贴与训练有素的服务	

二、西式经营理念的崛起

陈设、装潢、服务、食物以及客人的身份既是"豪华时期"酒店文化发展的重要因素,也代表了其中的一系列显性元素。而另一部分重要的隐性元素(用于连接显性元素)则是依靠长时间积累,在成功与失败交替中得到的宝贵经验——经营理念。

出色的经营理念能使酒店焕然一新,甚至起死回生。现今许多著名的酒店就是在该时期从第一家起步,再逐步发展成为庞大的世界级酒店集团。它们在扩张发展过程中不仅仅依附于豪华装饰与陈设,同时还在逐步完善全局经营的思维模式。所以,经营理念的产生对酒店文化历史发展起着举足轻重的作用。

经营理念的雏形源于一部分成功经营者的有效经营方式。这些经营者在其自身发展过程中开始有意识地进行总结,形成相应的规章制度或经营特色。他们的成功经营之道也渐渐成为其他经营者为之仿效或是膜拜的信条,这为今后一系列经营理论的形成与发展奠定了强有力的基础。随着优秀经验的不断累积,百家争鸣却松散重叠的经验又使得经营者开始产生入门无方的困惑。因此,他们急需一套行之有效、条理清晰的经营模式与理论来参考。此时一些专业学者开始收集整理,并逐渐形成了系统的经营理论,使得西方酒店业发展的第二个阶段愈发圆满。

三、中国酒店业的特色与遗憾

当西方酒店业在豪华时期蓬勃发展的时候,我国的古驿站发生了怎样的变化呢?

豪华时期所处的18世纪至19世纪中叶正值我国封建帝王统治阶段,新式客栈在原有基础上改善了吃住条件,城镇中也相继出现了小酒馆,这些都是当时平民住宿的日常选择。

为了体现阶级差异,官吏、皇族出行时则入住规模较大的私家庭院或园林中,这种皇家"独家"经营的格局,注定毫无任何竞争。所以,当时中国的酒店发展远远落后于西方的前进速度。

直至19世纪中叶后,也就是推翻帝制王朝后进入新一轮历史变革时期,中国式酒店才刚刚迈开发展的步伐。

遗憾虽有,但中式园林建筑是我们的骄傲,其建筑风格在现今我国的酒店发展中作为一大民族特色存在着。图1-4即是经典代表之一。

图1-4 中式园林

场景三 日新月异——商业时期

19世纪末至20世纪50年代是人类历史上的混乱期之一。两次世界大战波及了世界各国，残垣废瓦、物资匮乏，西方社会百废待兴，因而放缓了发展的步伐。与之相反，中国社会则经历了从封建制度的崩塌到新一轮历史的变革，酒店发展顺应历史来了个全新改造。而全球的酒店产业则迎来了又一次转型——商业时期！

一、西方酒店业的转型与稳健成长

1. 转型

社会大环境让人们学会应时而变，豪华大酒店已不再是主角。因为，奢侈的陈设已被炮火的热浪燃成灰烬，节俭平稳才是生活的中心。所以，酒店经营者们在有限的条件下转而以大众消费者为重点服务对象，以经济收益为主要目的并作为经营主方向，故这一时期被命名为"商业时期"。

战争后的社会逐渐趋于稳定，大部分人急于通过商业上的交流来改善自身的生活质量，重建的交通设施为人们带来了便利。不过数量众多但经济不宽裕的人群是当时旅行大军中的主流，所以经济上的拮据导致出行者只能支付有限的金钱用于食宿。

部分酒店经营者看准这一商机，建造了一些规模较大但符合大众消费的酒店，尤其在选址上以繁华的街道、交通便利的大道为主。既能让入住者享受一定的舒适环境与服务，又能支付得起相应的住宿或交通费用，还能为一大部分人提供就业机会，这对当时西方社会的稳定发展起到了重要作用。

其中典型代表就是如图1-5所示的斯塔特勒酒店。这家酒店的创始人是20世纪为世界酒店业作出重要贡献并产生巨大影响的埃尔斯沃思·米尔顿·斯塔特勒（Ellsworth Milton Statler）。该酒店拥有300间客房，不奢华但实用舒适且依照统一标准管理，其管理方式科学合理且简练，是商业时期的典型代表。埃尔斯沃思的经营主张也是一大特色——"第一是地

图1-5 斯塔特勒酒店

点,第二是地点,第三还是地点"。

2. 成长

经营得法才能风生水起,酒店以转型格局为基础,进而在经营模式与管理方法上也顺势而变:酒店投资人与管理人不再重叠,而是将所有权与经营权分离,完全商业化,终极目标就是以经济效益为中心。期间,管理者要注重运用管理理念,并对其员工进行专业化训练,使他们能成为代表酒店优势的重要标志之一。

有一点值得庆幸的事情就是,"经营理念"这门学问没有因为战争而荒废,反而在这个阶段提升到一个新高度,形成了一门独立学科——管理学,其中,具有代表性的有:

- 科学管理理论(1903年)

弗雷德里克·温斯洛·泰勒提出不仅仅是将科学化、标准化引入管理,更重要的是提出了实施科学管理的核心问题——精神革命。

- 理想的行政组织体系理论(1911年)

"组织理论之父"——马克斯·韦伯提出理论的核心是组织活动要通过职务或职位而不是通过个人或世袭地位来管理。

- 一般管理理论(1916年)

"现代经营管理之父"——亨利·法约尔提出管理理论是"指有关管理的、得到普遍承认的理论,是经过普遍经验检验并得到论证的一套有关原则、标准、方法、程序等内容的完整体系";有关管理的理论和方法不仅适用于公私企业,也适用于军政机关和社会团体。

- 人际关系理论(1933年)

乔治·埃尔顿·梅奥的重要贡献主要有两个方面:一是发现了霍桑效应,即一切由"受注意了"引起的效应;二是创立了人际关系学说。

- 系统组织理论(1938年)

对于个人目标和组织目标的不一致,切斯特·巴纳德提出了"有效性"和"能率"两条原则。

管理大师
现代管理理论之父——切斯特·巴纳德

- 需要层次理论(1943年)

亚伯拉罕·马斯洛提出将人的需求分为五种,像阶梯一样从低到高,按层次逐级递升,分别为:生理上的需求、安全上的需求、情感和归属的需求、尊重的需求、自我实现的需求。

二、我国酒店业的变革、成长

商业时期,社会制度的彻底改变带动了中国经济发展模式的变革,我国的酒店发展终于看到了前进的曙光。

1. 变革

19世纪中叶至20世纪50年代是自鸦片战争到新中国成立前的混沌整合期,当时西方酒店业的实力远超中国。因此,当国外资本进入中国后完全依照西方的模式建造并经营酒店,并由此生根发芽。由于酒店高层管理人员大多来自英、美、法、德等西方发达国家,酒店内部设施延续了豪华时期的西式风格,因此他们所服务的对象绝大部分是身处中国的外国商人、官员等,只允许极小一部分在中国拥有特权的政商界人士进入,对当时的中国民众来说,这也是身份体现的方式之一。

这种状况刺激了一部分我国的民族资本家,他们不甘束缚,集资钱款投入酒店产业。但因为社会大环境的约束加上缺乏经营经验,总体上仍旧摆脱不了西方酒店的建筑风格与经营理念。所幸的是,为了迎合当时我国本土环境因素的影响,这些饭店还是加入了一定的中国元素,形成了中西合璧的经营模式。例如,北京饭店(1903年)、上海锦江饭店(1925年)、上海国际饭店(1934年)等都是该时期的代表产物,见图1-6。

图1-6 上海国际饭店(1934年)

> **小贴士**
>
> **上海国际饭店**
>
> 上海国际饭店是中国人自己筹资建造的第一幢摩天大楼,且是20世纪30年代亚洲最先进的酒店。饭店由匈牙利建筑设计师拉斯洛·邬达克设计,陶馥记营造厂承包全部建筑工程。由于当时楼高惊人,故有"仰观落帽"之说。

2. 成长

历史的浪潮推动着中国酒店业的发展,它不再踯躅而行,新体制新环境使其有了呼吸新空气的机会。

20世纪中叶即1949年新中国成立的初期,一部分民族企业家投资的大饭店转制为国有制的大饭店(那个时期很少称酒店),如:上海锦江饭店、和平饭店(原名华懋饭店)。为了平稳过渡,其经营管理的框架在初期阶段仍旧沿用中西兼容的模式。20世纪30年代可谓达到了鼎盛时期,当时各大城市都能找到类似锦江饭店模式的大饭店身影。这一阶段的快速发展,被业界定义为中国酒店进入现代时期的重要基础,也是日后中国最早改革开放的行业之一。

场景四 百花齐放——现代新型时期

20世纪50年代后,世界上大部分国家均以发展经济为重,人口的增长,生活水平的提高,以及在飞速进步的科学技术支持下得以改善的交通设施,使得人们又开始兴起完善旅行配套的愿望。不仅如此,各国政府也是迫切希望恢复彼此间在政治、经济、文化等各方面的交往。如此天时地利人和的社会大背景使得酒店业的变革一触即发,就此掀开了酒店业发展的第四个篇章——现代新型时期。

一、西方现代新型时期

社会经济发展的多元化推动了西方酒店业的发展呈现各方向的多样化成长,其中包括酒店类型、经营方式、科技技术、品牌效应等,见表1-3。

表1-3 西方酒店业的多样化成长

类型多样	度假酒店、观光酒店、商务酒店、会员制俱乐部、公寓式酒店、主题酒店、经济型酒店等
市场需求	小众高端人群寻求私密、一对一服务;普通大众要求舒适、周到、性价比较高的服务;商务人群则要求简洁、实惠、舒适的服务
经营管理	与其他行业开始多向联合,形成连锁经营模式、集团化经营模式

续表

科技技术	科技技术融入酒店管理,开始使用订房系统软件提高管理效率。如:ECI(EECO)酒店系统
品牌效应	纷纷塑造各自的品牌,如:洲际集团下的INTERCONTINENTAL(洲际酒店及度假村)、CROWNE PLAZA(皇冠假日)、Holiday Inn(假日)等;希尔顿酒店集团下的WALDORF ASTORIA(华尔道夫)、Hilton希尔顿等

表1-3中所示五方面的多元化发展使得西方酒店业再次焕发生机,以下列举最突出的两方面为大家作介绍。

1. 酒店类型:汽车旅馆

类型多样化的酒店形成了各显神通的竞争市场,尤为特别的是在该阶段20世纪60年代出现了一种新颖且符合西方社会人们自由出行需求的酒店形式——"汽车旅馆"。

20世纪60年代的西方社会汽车业发展极为迅猛,许多普通百姓无论是自备或是租用,都能实现以汽车代步的出行方式。所以,自驾成为人们选择的主要出游方式。但当时短缺的汽油及空旷的地域增加了中途休憩的难度。所以,酒店经营者针对这一状况在高速公路交流道附近,或是离城镇较偏远的公路处,为以汽车或机车作为旅行工具的旅客建立了便于投宿的连锁型"汽车旅馆"。

汽车旅馆的英文名为Motel,即motor和hotel的合成词。最初是指可以停车,但没有房间,人只能在汽车内睡觉的旅馆。换言之,也就是由一组围墙围成的停车场,它起到了为露天停车加层保护的作用,成为当时在偏远地域的最佳休息处。之后,投资者改善了汽车旅馆的条件。他们建造了专门的住宿楼房,有别于普通旅馆,汽车旅馆的房间与停车位相连,即一楼作车库,二楼为房间,这样独门独户的形式是典型的汽车旅馆房间设计风格。它的独树一帜在激烈的酒店业竞争中始终占有一席之地。

2. 科技技术:酒店管理软件

酒店管理软件的出现,改变了以往纯人工的管理方式。这些专用软件对提升酒店的服务质量、工作效率、经济效益等方面都起到了不可估量的作用。下面为大家简要介绍一下国内外知名软件系统的由来与特点。

(1) 国外知名软件系统

① ECI(EECO)酒店系统。ECI系统是美国易可(ECI)电脑公司最早于1969年开发的酒店管理电脑系统,被全世界公认为酒店管理系统的翘楚。

② HIS酒店系统。酒店业资讯系统有限公司(Hotel Information Systems,简称HIS)于1977年成立,总部位于美国洛杉矶,目前是美国上市公司MAI Systems Corporaion的全资公司。

③ Fidelio酒店系统。Fidelio Software GmbH于1987年10月在德国慕尼黑成立。成立四年即成为欧洲领先的酒店软件产品,成立六年跃居世界酒店管理供应商之首,后来该公司合并入美国Micros System Inc.公司。

④ OPERA系统是Fidelio的升级版。

(2) 国内知名软件

① 1979年,清华大学教授金国芬为北京前门饭店开发了一个具有查询功能的酒店管理软

图 1-7　Opera 酒店管理系统

件,命名为"华仪软件",开创了国内酒店管理软件的先河。

② 1990 年,北京中软好泰酒店计算机系统工程公司成立,研发了中软好泰系统 CSHIS。

③ 1993 年 6 月,杭州西湖软件有限公司成立,研发了 Foxhis 系统,目前最新版为 X5 版,成为最大的国产酒店信息系统公司,公司于 2006 年 12 月 18 日与 Fidelio 和 Opera 系统的国内代理商北京中长石基信息技术股份有限公司合并。

④ 千里马饭店管理系统最初由广东劳业电脑系统开发公司于 1993 年推出 DOS 版,1998 年推出 Windows 版(采用 C/S 结构,用 VB 开发,采用 Windows NT/2000 平台,使用 SQL Server 数据库)。

二、中国当代酒店业的发展

改革开放以来,我国的酒店业蓬勃发展,依据该阶段的发展特征,业界将其分为以下四个标志性阶段。

图 1-8　建国饭店破土典礼

- 阶段一:由政务转民用

我国的酒店过去俗称高级招待所,其特点是无任何经营行为和意识,内部的服务与条件简单且单一。

1980 年 6 月,建国饭店的破土动工打破了上述格局。随着 1982 年 4 月的竣工开业,以及聘请香港半岛酒店管理集团对其进行管理和运营标志着中国酒店业的改革正式启动。

- 阶段二:由经验管理转向制度管理

建国饭店的建立及其管理方式,标志着中国酒店业从传统型管理转向与国际接轨的科学管理模式。管理团队也能更灵活地调整经营方式,经济效益、服务质量、社会效益都成为了经营过程中必须达成的重要目标,因此商务人士、散客等成为各酒店的目标客人。

- 阶段三:由个体规范转向行业规范

发展进程中,各类崛起的新酒店如雨后春笋般,但参差不齐的软硬件设施条件、服务标准等问题的出现使得中国酒店业需要一个规范来划分等级。

因此,通过对国内外大量酒店的调查研究后,依据我国实际情况并参照国际通用标准,同时在世界旅游组织专家指导下制定了我国首个"饭店星级标准"。并于1988年9月,经国务院批准颁布,就此开始依照此标准对旅游涉外酒店进行等级评定。

小贴士

饭店"星级star-rating"

- 用星的数量和设色表示旅游饭店的等级。星级以镀金五角星为符号,分为五个等级,即一星级、二星级、三星级、四星级、五星级(含白金五星级)。最低为一星级,最高为白金五星级。星级越高,表示旅游饭店的档次越高。预备星级probationary star-rating,作为星级的补充,其等级与星级相同。
- 饭店开业一年后可申请星级,经星级评定机构评定批复后,可以享有五年有效的星级及其标志使用权。开业不足一年的饭店可以申请预备星级,有效期为一年。

- 阶段四:由独立经营转向集团专业化经营

我国酒店业的逐层改革使其发展速度与国际酒店业的差距越来越小。经营管理模式也趋向于由专业酒店管理公司主导。20世纪90年代开始,国际上诸多知名酒店管理集团的进入加快了我国酒店集团化的步伐,我国酒店业的集团化经营势不可挡。

这种发展态势有着显著的特点:第一,投资形式多样化,例如国家投资、个人投资、外资注入等;第二,设施设备与服务更具现代风范;第三,经营管理模式更完善;第四,酒店形态多样,能与国际上任何国家媲美;第五,世界著名酒店集团纷纷抢滩中国市场;第六,集团化与专业化数量剧增。

课后加油站

想一想
你能列举出酒店发展的四大阶段吗?能简述它们的发展特点吗?

查一查
请大家查找一下与本篇所提及的上海国际饭店同类型的我国老字号酒店的历史趣闻。

第二篇　名人轶事

学习目标

1. 了解影响酒店发展的大人物。
2. 了解影响酒店发展的大事件。
3. 了解影响酒店发展的大品牌。

酒店的兴起与发展离不开创业者的辛勤奋斗,而酒店的成功经营也使他们在业内声名鹊起,成为响当当的"大人物"。在创业者们奋斗的过程中,发生了许许多多的大事件,本篇就将带大家去一探究竟,看看那些精彩的趣闻逸事。

场景一　出类拔萃——大人物

里兹、斯塔特勒、希尔顿、威尔逊,这些名字想必大家并不陌生,他们都是酒店业界赫赫有名的"大人物",也是白手起家的励志典范,下面为大家详细介绍一下上述这几位"大人物"们的奋斗历程。

一、"现代酒店之父"——凯撒·里兹(César Ritz)

1850年2月23日,凯撒·里兹先生出生于瑞士南部尼德瓦尔德(Niederwald)小村庄的一户贫穷农民家里,是家里13个孩子中最小的一个。在12岁时,他就被送到锡安的一间耶稣会学院寄宿。15岁时,他到布里格的一间酒店做配酒服务生,并逐渐展现出对酒店行业的兴趣。但工作一年后,他被以不适合从事酒店业为由而解雇了。后来回到村庄里的耶稣会学院,当了一段时间的教会看守人,直到1867年巴黎国际博览会的开幕,他离开瑞士去到巴黎寻找自己的未来。

要想在酒店行业立足,就要从最基层的酒店职位做起。1869~1872年,里兹在当时巴黎最有名的沃尔辛餐厅(Voision)当侍者。在那里,他接待了许多王侯、贵族、富豪和艺人,其中有法国国王和王储、比利时国王利奥彼得二世、俄国的沙皇和皇后、意大利国王和丹麦王子等。此后,里兹作为一名侍者,先后在奥

图2-1　里兹夫妇

地利、瑞士、法国、德国、英国的几家餐厅和饭店工作，并崭露头角。在他27岁的时候，即被邀请担任当时瑞士最大最豪华的卢塞恩国家大饭店（Hotel Grand National）的总经理。里兹的工作经历使他立志去建造旨在为上流社会服务的贵族饭店。

1. 里兹的成功经验谈一

无需考虑成本、价格，尽可能使顾客满意。

由于里兹面对的客人是贵族，他们拥有极强的支付能力且不在意价格，只追求奢侈、豪华、新奇的享受（根据现代经营管理理念，这并不合时宜，但按当时贵族化生活的背景，的确是成功的条件）。为了满足贵族的各种需要，里兹不惜重金打造各种活动。例如，饭店周围没有公园景色（Park view），他就创造公园景色。在卢塞恩国家大旅馆当经理时，为了让客人从饭店窗口眺望远处山景时，能感受到一种特殊的欣赏效果，他在山顶上燃起烽火，并同时点燃1万支蜡烛。此外，为了制造威尼斯水城的氛围，里兹在伦敦萨伏依旅馆（Savoy Hotel）底层餐厅放满水，水面上摇曳着威尼斯凤尾船，客人可以在二楼一边聆听船工的歌声，一边品尝美味佳肴。

2. 里兹的成功经验谈二

引领住宿、饮食、娱乐消费的新潮流，告诉世界什么是高品质的享受。

1898年6月，里兹建造了第一家自己的饭店——里兹酒店，它位于巴黎旺多姆广场15号院。该饭店遵循"卫生、高效而优雅"的原则，是当时巴黎最现代化的旅馆，其中特等套房一夜房价高达2500美元。这家旅馆在世界上第一次实现了"一个房间一个浴室"，比美国商业旅馆之王斯塔特勒先生建立的"一间客房一浴室、一个美元零五十"的布法罗旅馆整整早了10年。

图 2-2　伦敦里兹酒店

里兹饭店的另一创新是用灯光营造气氛。里兹用雪花石灯罩将灯光打到有颜色的天花板上，这种淡雅的反射光能营造出静谧优雅的气氛，使客人在用餐时感到怡然舒适，这种方法沿用至今，被许多高级西餐厅用以彰显高雅的用餐氛围。

3. 里兹的成功经验谈三

真诚对待每一位客人和员工。

凯撒·里兹名言之一：客人是永远不会错的（The guest is never wrong）。里兹十分重视客人的体验，多年的餐厅、旅馆工作经验，也使他具备了识人、记人的特殊本领。譬如，里兹与客人简单交谈后就能揣摩出客人的一些爱好、习惯；将客人引入座时，知道用各种得体的方法去招待；会派专人陪同客人进客房；当客人在用早饭时，里兹会将客人昨天穿皱的衣服取出，为其熨平放好。

凯撒·里兹名言之二：好人才是无价之宝（A goodman is beyond price）。里兹始终重视对人才的挖掘与培养，并精于此道。

英国国王爱德华四世曾称赞里兹："你不仅是国王们的旅馆主，你也是旅馆主们的国王。"里兹的成功经验对现世的酒店业依然具有指导意义，包括豪华酒店和高级酒店内的总统套间、豪华套间、行政楼的经营管理等。

图 2-3　巴黎里兹酒店

表 2-1　里兹的创业历程

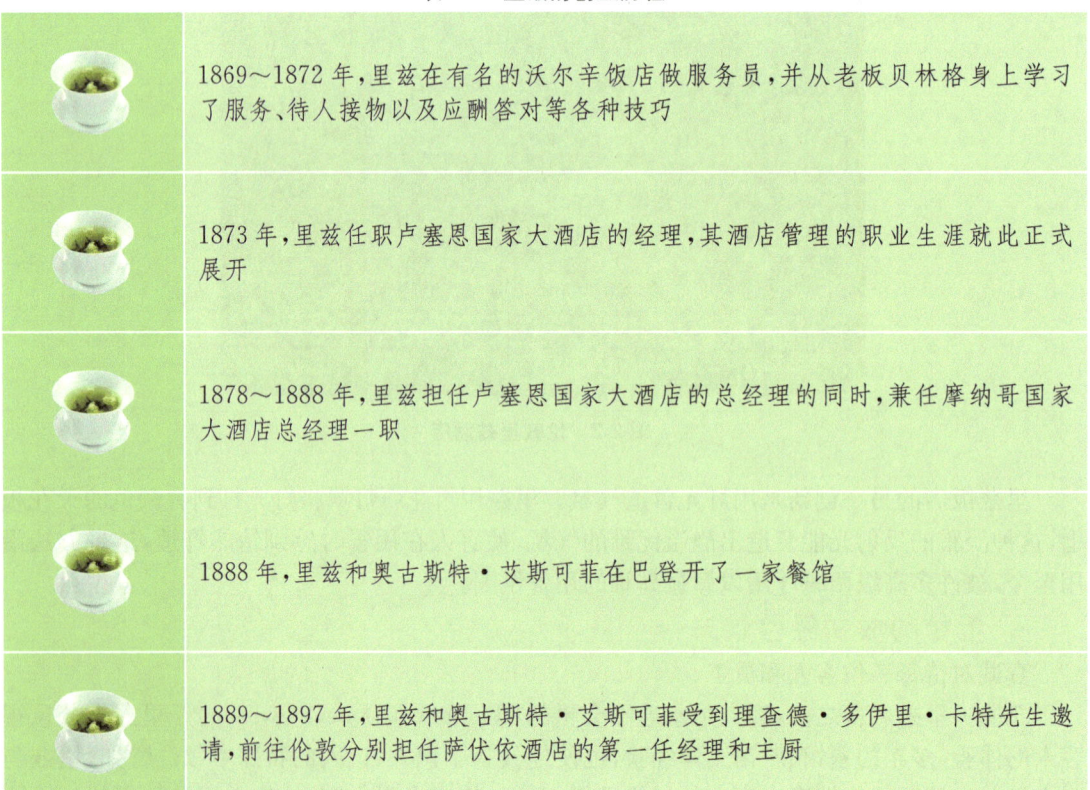

	1869～1872 年，里兹在有名的沃尔辛饭店做服务员，并从老板贝林格身上学习了服务、待人接物以及应酬答对等各种技巧
	1873 年，里兹任职卢塞恩国家大酒店的经理，其酒店管理的职业生涯就此正式展开
	1878～1888 年，里兹担任卢塞恩国家大酒店的总经理的同时，兼任摩纳哥国家大酒店总经理一职
	1888 年，里兹和奥古斯特·艾斯可菲在巴登开了一家餐馆
	1889～1897 年，里兹和奥古斯特·艾斯可菲受到理查德·多伊里·卡特先生邀请，前往伦敦分别担任萨伏依酒店的第一任经理和主厨

续表

	1898年底,里兹在巴黎旺多姆广场建立了著名的里兹酒店
	1906年,里兹在伦敦开设了第二家里兹酒店,随后该酒店成为当时最受富人和名人欢迎的聚会场所
	1907~1911年,里兹依次向里兹酒店发展公司、卡尔顿酒店公司、巴黎里兹公司请辞

二、"现代酒店管理之父"——埃尔斯沃斯·斯塔特勒（Ellsworth Milton Statler）

1863年,斯塔特勒出生于美国宾西法尼亚州的一个穷苦牧师家庭,在兄弟姐妹中排行第十。13岁成为惠灵镇上麦克尔卢尔酒店一名夜班替班服务生,就此开始了他的酒店职业生涯。由于工作出色,15岁时斯塔特勒被老板提升为服务领班,此后不断晋升,直至担任酒店的总值班。从13岁担任服务生起,斯塔特勒就对酒店经营的各方面都产生了强烈好奇心,他向酒店各部门的员工(管家、工程部员工、记账员等)请教,尽可能地了解情况,这份好奇心和执着使他能够承担更大的责任。斯塔特勒致力于提高利润,因此他说服店主在酒店内设置了美国第一个铁路订票柜台,这一为客人带来便利的创新方法取得了成功。

斯塔特勒的经营哲学颇为独特——"人生即服务"。对于自己的员工,他也是尽可能地为其提供更多、更好的福利。例如,

图2-4　斯塔特勒先生

图2-5　斯塔特勒酒店内饰

酒店员工首次实行一周六个工作日制度,并提供带薪假期和免费医疗服务,还设计了利润共享计划,使每位员工都可自由持股。

1928年,斯塔特勒意外亡故,其遗孀爱丽斯·斯塔特勒继续扩张公司,并在经济大萧条期间避免了财务危机。根据其遗嘱建立的斯塔特勒基金使其经营理念得以延续,这也成为斯塔特勒酒店成功的助推剂,而由该基金提供的资助研究不仅造福后世从事酒店业的人们,更成为美国酒店业发展的坚实后盾。

图2-6　斯塔特勒酒店外观

行业出版物《酒店月刊》(Hotel Monthly)的编辑和出版商约翰·威立(John Wiley)这样评价斯塔特勒:"斯塔特勒先生的天才既在于他的创造性和适应性,又在于他在增添酒店实用特色方面表现出来的精明。他身上既有理想家的特征,又有实干家的长处。"

表2-2　斯塔特勒的创业历程

	1901年,斯塔特勒拥有了一家为设于纽约布法罗的泛美会展而建的临时酒店。虽然会展本身在商业上是失败的,但斯塔特勒投的那部分钱却获得了一小笔利润。他用这笔钱建起另一处为1904年圣路易斯展览会服务的临时酒店,大获成功
	1908年,斯塔特勒又推出理念领先的酒店标准,推动了酒店业革命。如:在布法罗的斯塔特勒酒店(Buffalo Staffer),每间客房都设私人浴室、壁橱、24小时的冰水供应、电话和门旁电灯开关
	1927年,斯塔特勒已在克利夫兰、底特律、圣路易斯等地拥有多家酒店。在纽约市,他建起了当时最大的、拥有2002间客房的宾夕法尼亚酒店(Pennsylvania Hotel)

小贴士

斯塔特勒名言

"对任何酒店来说,经营成功的3个最重要的因素是:第一是地理位置,第二是地理位置,第三还是地理位置。"

"客人永远是对的"。

"饭店从根本上说,只销售一样东西,就是服务。"

三、"世界旅馆业大王"——康拉德·希尔顿(Conrad Hilton)

康拉德·希尔顿出生于1887年的圣诞节。1907年,经济危机席卷美国,希尔顿一家也陷入了困境,家中仅剩下一间堆满货物的五金商店。为了生存,他们将货物低价甩卖,腾出房子开办了只有5间客房的"家庭式酒店"。父亲当总管,母亲做饭菜,而希尔顿和弟弟卡尔则担负起揽客的任务。这样的经历为希尔顿日后经营酒店业提供了很好的锻炼机会。

1919年,希尔顿通过购买德克萨斯西斯克的莫布利汽车旅馆而进入酒店业。此后他建立的第一家酒店——达拉斯希尔顿酒店,于1925年8月2日正式营业。

20世纪30年代经济大萧条时期,希尔顿虽继续经营酒店,但同时也在美国购买许多旅馆,包括旧金山的弗朗西斯·德雷克爵士饭店、纽约市的广场酒店和沃道夫-阿斯多里亚饭店,以及芝加哥史蒂文斯大饭店,并将经营重心转向注重经济性,这也是他后来取得成功的关键因素之一。

图2-7 希尔顿先生

经过不懈的奋斗,希尔顿终于问鼎美国酒店业大王的宝座。但他没有止步,而是放眼全球酒店事业,成立了国际希尔顿酒店有限公司,将他的酒店王国扩张到世界各地。他的事业跃上了新的巅峰,成为"世界酒店之王"。

图2-8 晚年希尔顿

表2-3 希尔顿的创业历程

1919年,希尔顿以4万美元买下莫布利酒店,开始进入酒店业。随着莫布利酒店的经营成功,雄心勃勃的希尔顿又与人合伙买下了华斯缚的梅尔巴酒店、达拉斯的华尔道夫酒店

续表

☕	1925年8月4日,"达拉斯希尔顿酒店"终于落成,举行了隆重的揭幕典礼
☕	1938年1月,希尔顿将德雷克爵士饭店买了下来。这家饭店拥有450个房间,高22层,还有一个价值数十万美金的豪华夜总会。1939年,他又买下了长堤的布雷克尔斯饭店
☕	1945年,希尔顿把目光投向当时世界上最大的饭店——芝加哥史蒂文斯大饭店,该酒店拥有3000个带卫生间的客房,宴会厅一次可接待8000位来宾。不久,他又以1940万美元的巨款买下芝加哥另一家最豪华的饭店——帕尔默饭店
☕	1949年,希尔顿成功拿下被誉为"世界酒店皇后"的华尔道夫大饭店。这家饭店座落于纽约巴克塔尼大街,堪称世界上最豪华、最著名的饭店
☕	1954年10月,希尔顿用1.1亿美元的巨资买下了有"世界酒店皇帝"美称的"斯塔特拉酒店系列"。这是酒店业历史上最大的一次兼并,也是当时世界上耗资最大的一宗不动产买卖

四、"喜来登酒店品牌的创始人"——欧内斯特·亨德森(Ernest Henderson)

欧内斯特·亨德森于1897年3月7日(星期日)出生在离波士顿不远的栗树山镇,父亲是纽约州斯塔顿岛人,母亲是有着德国血统的英国人。他于1933年开始进入酒店业。1937年,亨德森成立喜来登旅馆公司,该公司于1939年开始启用"喜来登"这一名称,直到1957年,即喜来登公司成立20年时亨德森才真正建造了自己的第一家饭店。在此之前,他一直从事饭店买卖生意,主要兴趣在于看准机会,购买一些小饭店或因经营不善而衰败的饭店,买到手后,他再重新设计、更新设备、改善经营,使饭店本身增值。亨德森的原则是,每一美元的投入至少要使饭店价值增加

图2-9 亨德森先生

2美元,然后看准机会再将它出手,从中获利,有些饭店曾被他买卖4次之多。在亨德森的苦心经营下,喜来登公司发展很快,它始终紧跟假日公司,保持着世界大饭店联号中第二的地位。

到了1965年,喜来登迎来了第100家酒店的开业——波士顿喜来登酒店。同年,亨德森先生出版了一本自传,名为《喜来登先生的身世》,在书中,他自称喜来登先生。亨德森于1967

年9月7日去世,此时,喜来登饭店联号已有154家,年营业额达3亿美元,公司资产总价值已由1947年的5000万美元增加到4亿美元。至此,"喜来登帝国"确立。

美国酒店业专家隆得伯格(Donald Lundberg)在他的《旅馆与餐馆业》中形容亨德森是"最佳意义上的资本家"和"最佳意义上的投机者"。

表2-4 亨德森的创业历程

	1933年,亨德森开始进入酒店业
	1937年,亨德森成立喜来登旅馆公司
	1939年,喜来登旅馆公司开始启用"喜来登"这一名称
	1957年,喜来登公司成立20年后,亨德森建造了自己的第一座饭店
	1957年,喜来登推出了"预订系统",这是行业内第一个自动化的电子预订系统
	1965年,喜来登迎来了第100家酒店的开业——波士顿喜来登酒店

小贴士

喜来登的家训——"喜来登十诫"

一、不要滥用权势与要求特殊待遇,对此不加抵制就是放纵。

二、不要收取那些有求于你的人的礼物,收纳的礼物必须送交给一位专门负责礼品的副经理,酒店定期组织拍卖,所得收入归职工福利基金。

三、不要叫你的夫人插手装点喜来登酒店的事,一切要听玛丽·肯尼迪(喜来登公司酒店客房、餐厅与大堂装潢的总主持人)的。

四、不能反悔已经确定了的客房预定。

五、在没有完全清楚确切的目的之前不得向下属下达命令。

六、要记住,那些经营小酒店时的长处,也许恰好是管理大酒店的忌讳。

七、为做成某种交易,不得要人家的"最后一滴血"。

八、放凉了的饭菜不得上桌。

九、决策要靠事实、计算与知识,不能只靠"感觉"。

十、当你的下属出现差错时,不要像爆竹那样,一点就火冒三丈。因为他们的过错,也许是由于你没有给予他们适当的指导而产生的,你要从解决问题的角度去思考如何更好地去处理。

五、"假日酒店的创办人"——凯蒙斯·威尔逊(Kemmona Wilson)

1913年1月5日,凯蒙斯·威尔逊出生于美国南方孟菲斯市西北的奥西奥拉小城镇。17岁时,威尔逊先是做了爆米花买卖,之后又买了5个弹球游戏机,供人们来玩。除此之外,他还买了投币式自动电唱机,并兼做沃利策自动乐器的销售人。1951年,已经积累一定财富的威尔逊带领全家驾车度假旅行。这是一次"最糟糕"的旅行。他们一路上常为寻找住处犯愁,而大多数旅馆房间狭小,又热、又脏、又吵。就连他的老母亲也抱怨不已。威尔逊憋了一肚子气,他在途中就决定要自己建一个汽车旅馆。

看准了就干,威尔逊在通向孟菲斯城的主要通道上建成了一个拥有120个单元房的汽车旅馆。旅馆设计者埃迪·鲁斯汀做完设计后,在图纸下方写下了"假日酒店(holiday inn)"的字样。这个名字的灵感来自于他看过的一部好莱坞电影,也正合威尔逊心意。因为"inn"的原意是小客栈,特别是指乡村的家庭小客店,给人一种温暖的感觉。由此,一个世界最大旅馆联号的名字就这样定下来了。

图2-10 威尔逊先生

有一次,一位客人说他愿在整个旅行中都住在假日酒店里,这句话引起了威尔逊的兴趣。他梦想不久的将来,能建成自己的汽车旅馆联号,至少要有400家,向全国各地出售特许经营权。这样,人们无论走到哪里,都可以花同样的钱住上同样标准的旅馆,而且都可以事先预订。

要实现这样庞大的计划,单枪匹马难如愿。1953年,威尔逊找到了一位理想的合伙人——华莱士·约翰逊。两人虽热情高涨,但手头上并无完成这一宏愿的资本。他俩想出了妙计,邀请美

图2-11 假日酒店

国各地的著名住宅建造商来到孟菲斯,说是有东西给他们看,但未透露是什么,只是说这东西对他们至关重要。有65位建筑商应邀而来,但只有4家买下了特许经营权。头三年,公司发展缓慢,但他们仍坚持不懈地去宣传,直到1968年8月,第1000家假日酒店在圣安东尼奥建成。此后,几乎是每2～3天就有一家假日酒店开业,其身影不仅遍布美国,而且分布世界。

表2-5　威尔逊的创业历程

	1952年8月1日,在孟菲斯市萨默大街4941号,第一家假日酒店正式开张
	1952年9月,威尔逊在报纸上刊登整版广告,宣布第一家假日酒店已开张营业,同时列举了即将开张的三家假日酒店及其地址
	1953年,威尔逊与住宅营造商全国联合会副主席华莱士·约翰逊成为合作伙伴,共同经营假日酒店
	1954年6月14日,第一家特许经营的假日酒店在密西西比州克拉克斯代尔市开张了。同年年底,威尔逊已经拥有了11家特许经营的假日酒店
	1957年,假日酒店公司的股票第一次在证券交易所的场外市场亮相并交易,假日酒店股价一路飙升
	1959年,第100家假日酒店在佛罗里达州的塔拉哈西市开张
	1961年,第200家假日酒店在加利福尼亚州的棕榈泉开张
	1962年2月,第400家假日酒店在印第安纳州的温森斯开张

续表

	1970年,除南极洲外,威尔逊已访问过世界各大洲。1972年,假日酒店公司在各地开设的假日酒店共有1405家
	1979年5月16日,在假日酒店公司召开的股东大会年会上,威尔逊正式宣布退休,并从同年6月30日起生效,时年66岁

场景二 卓尔不群——大品牌

大人物造就大品牌,而品牌内含的文化更具有其独特的魅力,本场景就将带大家去领略世界知名酒店的品牌文化。

一、"今天你对客人微笑了没有"——希尔顿国际酒店集团

图 2-12 希尔顿国际酒店集团

1. 品牌故事

1907年的圣诞节,在美国的新墨西哥州圣-安东尼奥镇上,一个20岁的男孩为了生计,在家里堆满杂货的土坯房里开办了家庭式旅馆,并以此庆祝自己的生日。那天他雄心满怀地对母亲说:"我要集资100万美元,盖一座以我命名的新旅馆。"看到报纸上有一大堆的地名,他说:"我要在这些地方都建起旅馆,一年开一家。"

时光匆匆流逝,1928年,也是圣诞节。男孩的所有梦想都已经一一实现,报纸上随时报道着各地以他的名字命名的饭店——希尔顿饭店。这时当年的男孩已经41岁了,他的名字叫做康德拉·希尔顿。

然而好景不长,1930年,希尔顿的旅馆接连亏损,一度负债达50万美元。但是希尔顿并不灰心,他召集每一家酒店的员工并反复告诉他们:"目前正值旅馆靠借债度日时期,但我仍决定强渡难关。我请各位记住,希尔顿的礼仪万万不能忘。无论旅馆本身遭遇的困难如何,希尔顿旅馆服务员脸上的微笑永远是属于顾客的。"在这场严重的危机中,美国80%的旅馆都倒闭了,而在剩下的20%的旅馆中,只有希尔顿旅馆的服务员始终保持着微笑。当经济开始复苏时,希尔顿旅馆率先"解冻",步入新的繁荣时代。

2. 品牌成员

图 2-13 所示为希尔顿酒店集团旗下的品牌成员,其中有 4 个品牌已入驻中国市场,如图

2-14 所示。

```
希尔顿酒店集团
├── 华尔道夫酒店 (Waldorf Astoria Hotels)
├── 康莱德酒店（香港地区称港丽酒店，Conrad Hotels)
├── 希尔顿酒店 (Hilton Hotels)
├── 希尔顿逸林酒店 (Double Tree Hotels)
├── 大使套房酒店 (Embassy Suite)
└── 汉普顿酒店 (Hampton Hotels)
```

图 2-13　品牌成员

三亚金茂希尔顿酒店 　　　　　北京逸林希尔顿酒店

香港康莱德酒店 　　　　　　　上海华尔道夫酒店

图 2-14　入驻中国市场的品牌成员

3. 品牌文化
- "今天你对客人微笑了吗？"

美国希尔顿饭店在创立不到100年的时间里,从一家饭店扩张到100多家,遍布世界五大洲的各大城市,成为全球最大规模的饭店之一。其成功的秘诀在于:牢牢确立自己的企业理念并将其渗透到每一个员工的思想和行为之中,饭店创造了"宾至如归"的文化氛围,注重对企业员工礼仪的培养,并通过服务人员的"微笑服务"体现出来。

- 信任 尊重 宽容

在希尔顿的旅馆王国中,许多高级职员都是从基层逐步提拔上来的,有着十分丰富的行业经验,经营管理能力非常出众。希尔顿对于被提升的每一个人都十分信任,放手让他们在各自的工作领域中发挥才干,大施拳脚。如果他们之中有人犯了错误,他会把他们单独叫到办公室,鼓励安慰一番,并告诉他们:"当年我在工作中犯过更大的错误,你这点小错误算不得什么,凡是干工作的人,都难免会出错的。"然后,他再帮其客观地分析错误产生的原因,并一同研究解决问题的办法。希尔顿的处事原则,是使手下的全部管理人员都对他信赖、忠诚,对工作兢兢业业,认真负责。

正是由于希尔顿对下属的信任、尊重和宽容,使得公司上下充满了和谐的气氛,营造出轻松愉快的工作环境,从而使得希尔顿在经营管理中的两大法宝——团队精神和微笑,能最大限度地发挥作用。

小贴士

酒店的广告语

Hilton 广告语:Travel is more than just A to B. 旅行不仅是 A 地到 B 地。
Conrad 广告语:The luxury of being yourself. 做高贵的你!
Double tree 广告语:This summer is packed with the fun of kids at doub. 今年夏天逸林酒店充满了孩子们的快乐!

二、酒店业的"巨无霸"——洲际酒店集团

1. 品牌故事

图 2-15 洲际酒店集团

1952 年,美国企业家凯蒙斯·威尔逊在一次举家出游时,有感于所入住的饭店缺乏宾至如归的服务且收费过高,便在美国田纳西州孟斐斯开设了第一间假日饭店。该饭店设有泳池、空调设备与餐厅,还提供电话、冰块及免费停车场等基本设施,而孩童则可免费入住父母的客房。这些现在看来只能算是很基本的设施,在当时来说,却在饭店业掀起了一场革命,并由此而形成了一套饭店业的标准,引领着全球饭店业的发展进程。威尔逊利用当时美国的州际高速公路系统向全国伸展的时机,沿途开设饭店,使假日饭店迅速扩张,发展成为全球最具规模的单一饭店品牌。如今假日饭店的品牌已随处可见。1988 年,Holiday Inn 品牌被以生产和销售啤酒、饮料为主的英国巴斯(BASS)集团收购。1990 年,巴斯集团购入洲际饭店集团(1946 年由泛美航空创办),并于 2003 年正式更名为"洲际饭店集团"。时至今日,洲际已经发展成为世界上客房拥有量最多的超级酒店集团,如图 2-16 所示。

图 2-16　遍布全球的洲际酒店

2. 品牌成员

图 2-17 所示为洲际酒店集团旗下的品牌成员。

洲际酒店集团
- 洲际酒店及度假村 (InterContinental Hotels & Resorts)
- 皇冠假日 (Crowne Plaza)
- 英迪格酒店 (Horel Indigo)
- 假日 (Holiday Inn)
- 快捷假日 (Holiday Inn Express)
- Staybridge Suites

图 2-17　品牌成员

3. 品牌文化

洲际的五大价值观如图 2-18 所示。

1. Do the right thing 做对的事
2. Show we care 体现关爱
3. Aim higher 追求卓越
4. Celebrate difference 求同存异
5. Work better together 协作共赢

图 2-18　品牌文化

三、从草根汽水店到饭店业巨头——万豪酒店管理集团

1. 品牌故事

图 2-19　万豪酒店管理集团

1927 年，威拉德·玛里奥特在美国华盛顿开了一个小规模的草根汽水店，名为"热卖店"。之后这家店很快发展成为服务迅速周到、价格公平、产品质量持之以恒的知名连锁餐厅。威拉德·玛里奥特的经营理念是：你如能使员工树立工作的自豪感，他们就会为顾客提供出色的服务。1957 年，首家万豪（Marriott）酒店在美国华盛顿市开业，很快便迅速成长，其后加盟的酒店开张伊始就能以设施豪华而闻名，并凭借稳定的产品质量和出色的服务在酒店业享有盛誉。截至 1981 年，万豪酒店的数量已超过 100 家，并拥有 40000 多间高标准的客房，创下了当年高达 20 亿美元的年销售额。

如今，万豪国际集团已经成为全球首屈一指的国际酒店管理公司。它拥有遍布全球 74 个国家和地区的 3700 家酒店和 17 个品牌，其中包括大名鼎鼎的丽思卡尔顿酒店。

2. 品牌成员

图 2-20 所示为万豪酒店管理集团旗下的品牌成员。

万豪酒店管理集团
- 丽思卡尔顿酒店 (The Ritz-Carlton Hotel Conpany, L.L.C)
- JW 万豪酒店及度假村 (JW Marriott Hotels & Resorrs)
- 万豪酒店及度假村 (Marriott Hotels & Resorrs)
- 万丽酒店及度假村 (Renaissance Hotels & resorts)
- 万豪万怡酒店 (Courtyard by Marriott)
- 万豪行政公寓 (Marriott Executive Apartments)
- 万豪居住客栈 (Residence Inn by Marriott)

图 2-20　品牌成员

3. 品牌文化

① 建立公平的竞争机制。不因为员工的种族、肤色、宗教信仰而歧视他们,让每位员工都能充分发挥,尽展才能。
② 尊重员工的个人价值。
③ 重视情感投资。留住员工的心才能真正留住他们。
④ 优厚的员工待遇。万豪坚信,只要善待员工,员工就能照顾好顾客。

四、"云端筑梦"——四季酒店

1. 品牌故事

一个叫夏普(Isadore Sharp)的建筑师在多伦多的加拿大广播公司附近开了一家汽车旅馆。很多到广播公司接受采访的人希望休息的地方能够有舒适的房间、不错的餐厅和优雅的酒吧。精明的夏普看准了这一商机,把普通的汽车旅馆设计得既有私密性又有情调。为此,他还专门聘了个头脑灵活的运营经理来专事客户服务。渐渐地,夏普先生和他的汽车旅馆有了些名气,到了1972年,他已经拥有了5间不同风格的旅馆。这时,一个大胆的想法在他的脑中成熟:做人做事就要做大,干脆成立一家酒店管理公司,专门开发中型(约300个房间)高档酒店;并推出住宅物业——四季世家,为客人提供全资或共享产权的市区住宅和度假别墅,并配套四季酒店的个性化服务。

图 2-21 四季酒店

如今,四季酒店集团已经成为世界顶级奢华酒店品牌(单一品牌),在38个国家拥有92家酒店,同时还提供私人住宅和住宅俱乐部(2013年)分时度假计划服务。

2. 品牌选址

图 2-22 所示为四季酒店选址的特点。

四季酒店的选址

类型	典型代表	选址原则	价值支撑
旅游度假型	夏威夷、哥斯达黎加、布宜诺斯艾利斯、巴哈马、巴厘岛……	世界级旅游度假风景区	顶级景观资源
商务居住型	伦敦、巴黎、香港、纽约、芝加哥、新加坡、东京、拉斯维加斯……	城市金融、娱乐、商业中心	高端消费

图 2-22 品牌选址

3. 品牌文化

- 高端定制化服务

四季酒店的经营有别于其他国际酒店集团的多样化品牌模式,它实行单一品牌模式。他们希望做到的是让全球九十多家四季酒店成为高端宾客在境内外旅游的首选,深入了解宾客,为他们带来定制化的服务体验,被视为高端市场中的"顶级品牌"。

- 待人如己的法则

这是四季酒店的黄金管理法——你希望别人怎样对待你,你自己就用那种态度去对待别人。这一法则指导着四季对宾客、商业伙伴、投资人以及内部人员之间的所有沟通。

- 创新精神

作为奢华酒店管理集团,四季在北美地区最先引入各项如今已成为行业标准的设施和服务,比如沐浴设施、浴袍、吹风机,以及双线、多线电话等。

四季也是第一家提供欧式礼宾服务、全天候房内用餐,以及包括家庭式、素食主义和健康菜单在内的创意菜单的酒店。另外四季在旗下包括比弗利山、布宜诺斯艾利斯以及布拉格在内的多家酒店推出了当地专家博客。

五、"喜达屋的关爱"——喜达屋酒店与度假村国际集团

1. 品牌故事

喜达屋酒店与度假村国际集团是世界酒店与休闲服务业中的领袖企业之一,在全球 100 个国家和地区拥有 1134 家酒店,其自有与管理的酒店雇佣员工超过 171000 名。其中,喜来登酒店是喜达屋集团旗下历史最悠久、分布最广的酒店品牌。

图 2-23　喜达屋酒店与度假村国际集团

小贴士

喜来登引领的"流行"

如今当我们入住酒店时,白床单、白枕套已成为标配,殊不知这是喜来登酒店带起的"流行"。喜来登选用白色的床上用品,原意是想为客人带来干净整洁之感,不曾想到其他酒店争相模仿,整个行业都受到影响,甚至发展为酒店客房设施的传统。

2. 品牌成员

图 2-24 所示为喜达屋酒店与度假村国际集团旗下的品牌成员。

3. 品牌文化

① 喜达屋的"关爱":关爱员工、关爱客人、关爱生意。

② 通过采取可建立持久联系及忠诚度的措施来获得更有力的发展。

③ 通过全球合作以及企业内部跨团队的合作来展现团队精神。

④ 通过正确的判断以及对社区、员工、企业主、合作伙伴和环境的重视做正确的事。

喜达屋酒店与度假村国际集团
- 圣·瑞吉斯 (St. Regis)
- 至尊精选 (The Luxury Collection)
- W 酒店 (W Hotels)
- 雅乐轩 (aloft)
- 艾美 (Le Meridien)
- 喜来登 (Sheraton)
- 福朋 (Four Points)
- 威斯汀 (Westin)
- 源宿 (element)

图 2-24　品牌成员

场景三　誉满天下——大事件

你们知道国际各大知名酒店集团成立的时间吗？你们知道酒店是什么时候实现网络预订的吗？你们知道世界最高的饭店是在哪一年建成的吗？

一、20世纪60年代——国际知名酒店集团纷纷创立

1960年：伊萨多-夏普（Isadore Sharp）创建了四季酒店集团。
1963年：希尔顿国际成立独立公司，康拉德·希尔顿担任总裁。
1964年：Marriott-Hot Shoppes成立，J.W. Marriott任总裁，当时他年仅32岁。
1965年：希尔顿开始在美国发展特许经营酒店，到1966年已经发展了9家。
1967年：雅高集团在巴黎成立。
1967年：投资达1800美元的丽晶凯悦（Regency Hyatt）在亚特兰大开业，由John Portman设计的21层中庭楼体是其特色。该酒店使酒店设计发生变革。
1969年：万豪开始国际化布局，首次在美国之外发展酒店，该酒店建在墨西哥的阿卡普尔科（Acapulco）。
1969年：威斯汀成为第一家推出24小时客房服务的连锁酒店。
1969年：香港上海大酒店有限公司开办了一家拥有800间客房的酒店——香港半岛酒店。

二、20世纪70年代——酒店业新机遇和新挑战并存

1971年：第一家香格里拉酒店在新加坡开业。
1972年：半岛集团成立。
1972年：Le Meridien品牌由法国航空公司创立，第一家Le Meridien酒店是位于巴黎的拥有1000间客房的Le Meridien Etoile。
1974年：文化国际酒店有限公司（Mandarin International Hotels Ltd.）在香港成立，拥有曼谷东方文华酒店49%的股份。
1974年：索菲特（Sofitel）在美国明尼苏达明尼阿波利斯（Minneapolis，Minnesota）建立了在美国的第一家酒店。
1974年：第一家宜必思酒店（Ibis）在法国波尔多（Bordeaux，France）开业，见图2-25。
1975年：四季成为第一家提供以客房命名的品牌洗发水的酒店。
1975年：天天酒店（Days Inn）创始人Cecil B. Day推行每一位年龄超过50岁的顾客可以获得木制镀镍卡的奖励计划，这是全世界

图2-25　宜必思酒店

饭店业推出的第一个老年人折扣计划。

1975年：雅高(SIEH集团)获得美爵(Mercure)品牌。

1979年：康拉德·希尔顿去世，巴恩·希尔顿(Barron Hilton)担任董事长。

三、20世纪80年代——酒店业的扩张和全球化

1980年：凯悦(Hyatt)推出君悦(Grand Hyatt)和柏悦(Park Hyatt)品牌。

1980年：西方国际(Western International)庆祝50周年纪念，并将名字改为威斯汀酒店和度假村(Westin Hotels & Resorts)。

1982年：万豪25周年庆典，创下10亿美元的客房销售额，并建立第一家酒店Marriott Maui。

1982年：北京建国饭店引进第一家国际酒店集团(香港半岛集团)。

1983年：Novotel SIEH集团与Jacques Borel International合并，雅高成立。

1983年：万豪的第一家庭院酒店(Courtyard)在亚特兰大开业。

1983年：威斯汀成为第一家接受顾客使用信用卡预定与结算的酒店。

1983年：万豪推出万豪贵宾卡以及第一个常客奖励计划。

1983年：雅高兼并JBI，易名雅高集团。

1984年：上海锦江集团、东湖集团、华亭集团、新亚集团设立。

1985年：雅高推出Formula 1经济型品牌。

1985年：北京长城喜来登酒店开业，喜来登成为第一家进入中国的国际连锁酒店。

图2-26 喜来登

1985年：文华国际酒店(Mandarin International Hotels)更名为文华东方酒店集团(Mandarin Oriental Hotel Group)，以反映其所经营的两个重要的旗舰酒店：香港文华酒店(Mandarin Hotel Hong Kong)和曼谷东方(The Oriental，Bangkok)。

1985年：上海衡山集团设立。

1985年：中国第一家中外合作的五星级酒店——白天鹅宾馆开业。

1987年：万豪收购假日的丽晶酒店(Residence Inn Co.)，同年第一家Fairfield Inn在亚特兰大开业。

1987年：希尔顿国际自1967年来第三次被收购，由前身为莱德布鲁克(Ladbrok)集团的

希尔顿集团买下。

1988年：英国巴斯(Bass)集团收购假日(Holiday Inn International)，随后在1990年收购假日酒店北美商务酒店(North American Business Holiday Inn)。

1988年：Ladbroke从Allegis(联合航空，United Airlines)收购希尔顿国际(Hilton International)；Allegis将威斯汀酒店和度假村(Westin Hotels & Resorts)出售给日本的青木公司(Aoki Corp)。

1989年：香格里拉推出商贸酒店(Traders Hotels)品牌。

1989年：香港新世界集团(New World)收购兼并华美达集团(Ramada)。

四、20世纪90年代——酒店业的日新月异

1990年：巴斯股份有限公司购买了全球假日酒店，成为世界最大的酒店连锁机构，酒店总部移至亚特兰大。

1990年：雅高购买了汽车旅馆6(Motel 6)。

1990年：品质国际更名为精选国际酒店，并以约6000万美元购买了Econo Lodge连锁店。

1990年：希尔顿酒店公司和希尔顿国际发起联合广告宣传。

1990年：巴黎的里兹酒店斥资1.5亿元进行重修。

1991年：行业低迷，多数酒店遭遇资金危机，直至走向抵押或破产之路。

1991年：威斯汀成为首家提供房间内语音信箱的连锁酒店。

1991年：全球的酒店经理都在寻找方法去吸引女性商务客人和日本客人。

1992年：《HOTELS》创建了全球酒店经理人俱乐部，创始会员有Raymond Bickson、David McMillan、Peter Borer和J. T. Kuhlman。

1992年：四季酒店集团完全收购了丽晶国际酒店集团(Regent International Hotel)，包括它所有的管理合同、品牌名称和商标。

1992年：美国饭店终于打破了连续六年的亏损状况。

1992年：邓小平南巡讲话对中国饭店业产生积极影响。

1993年：Radisson成为世界首家提供商务楼层的酒店。

1995年：互联网预订开始(精选国际、假日开始出现在线预订业务)。

1995年：喜达屋/高盛购买威斯汀。

1995年：万豪收购了丽思卡尔顿酒店公司49%的股份。

1996年：ITT以133亿美元被喜达屋酒店公司收购。

1997～1998年：亚洲酒店业受到经济低迷的沉重打击，商务客人减少了他们的出行频率和逗留时间用以降低开销。

1998年：波士顿丽思卡尔顿酒店公司99%的股份归到了万豪国际集团名下。

1998年：喜达屋完成了更名、对ITT集团和威斯汀酒店的购买并购这三件大事。

1998年：英国巴斯有限公司收购兼并洲际集团。

1998年：北京建国国际酒店管理有限公司设立。

1999年：希尔顿酒店以37亿美元的价格收购了普罗莫斯(Promus)酒店公司，将Embassy Suites、Double tree、Hampton和Homewood Suites等品牌收至旗下。

1999年：喜达屋(Starwood)推出W品牌，使之跃身一流精品酒店品牌。

1999年：锦江集团与上海华亭集团合并。

1999年：迪拜的七星级酒店"阿拉伯之帆"竣工。

1999年：上海金茂凯悦酒店开业并成为当时世界最高的酒店。

五、21世纪前十年——酒店业的全球互联时代

2000年：根据PhoCusWright 1999年鉴提供的数字，有3%的客人是通过网络预订的。

2003年：等离子和液晶电视出现在高级客房内。

2003年：锦江集团与上海新亚集团合并组成锦江国际集团。

2004年：香格里拉通过管理合同开始了迅速扩张。

2004年：洲际酒店集团跃居国际酒店集团三百强之首，改写了美国圣丹特集团（Cendant）连续六年冠军的历史。

2005年："精选服务"（Select service）出现在Indigo、坎布里亚套房酒店（Cambria Suites）、凯悦寓所酒店（Hyatt Place）、厄劳夫特酒店（A-loft）、NYLO，从而变得非常流行。

2009年：国际社会持续关注气候变化，节能降耗和低碳生活被推崇，绿色酒店越来越多成为酒店业的未来发展方向。

2010年：欧洲债务危机爆发，与此相对的是，中国经济总量首次超越日本，升至全球第二，内外部环境再次让国际酒店业巨头坚定了加速进军中国市场的决心。

课后加油站

1. 康拉德·希尔顿在老年时撰写了一本自传《欢迎惠顾》，总结了自己一生经营酒店的经历、经验与教训。请同学们查查资料，将其中提到的"酒店管理的七条金科玉律"补充完整，将答案填写在下方横线上。

（1）酒店联号的任何一个分店必须要有自己的特点，以适应不同国家、不同城市的需要；

（2）_____；

（3）_____；

（4）_____；

（5）_____；

（6）加强推销，重视市场调研，应特别重视公共关系，利用整个系统的优势，搞好广告促销；

（7）酒店之间互相帮助预定客房。

2. 大家认识上面图中两位酒店业的大人物吗？请查找相关资料，进一步了解他们的创业故事、创业经历及其成功经验。

3. 大家知道我国酒店业时下发展最迅猛的是万达酒店集团吗？请大家查找相关资料，整理出近三年来，万达酒店集团对酒店业影响深远的十件大事。

4. 请同学们将以下所列的酒店品牌与它们所对应的logo进行正确的配对。

5. 大家认识上面图中的两个品牌吗？请大家查找相关资料，进一步了解他们的品牌故事、品牌文化以及品牌成员。

第三篇　秀外慧中

学习目标
1. 了解酒店硬装潢中蕴含的文化。
2. 了解酒店服务和管理中体现的文化特色。

从最初仅能满足果腹及住宿需求的旅店，到现今能提供吃、住、行、游、购、娱一站式服务的全能酒店，"尽力满足顾客的需求"几乎已成为所有酒店的共识。因而，内外硬装潢、软硬件设施、个性服务和人性管理都是酒店必不可缺的"文化工程"。

场景一　独具匠心——酒店硬装潢

酒店硬装潢也称酒店"硬环境"，宏观上指酒店所处的地理位置、交通条件、自然环境、造型设计等，微观上则是指酒店内部的硬件设施，即提供给客人使用的设施设备。

一、选址和外部造型设计

1. 选址

选址是酒店在建造过程中十分重要的环节，首选应为交通便利。接下来分别以经济型酒店与高星级酒店为例。

经济型酒店采用大规模扩张降低运营成本的品牌策略和"快餐文化"，它们一般位于人流密集的交通枢纽地带或繁华的商业中心附近，以数量取胜，如图 3-1 所示。

高星级酒店则更注重为客人营造舒适、大气、高端的入住体验。因此在交通便利的前提下，更注重酒店所在区域的文化背景或自然环境。一般都选址在城市地标性建筑或风景秀丽的度假胜地，而且宁缺毋滥，以保护品牌声誉。例如世界著名的香港大都会酒店集团旗下的半岛酒店在全国目前只有上海、北京、香港三家店。它们都位于所处城市最繁华、最具代表性的区域。其中，上海半岛酒店位于外滩的外滩源，毗邻上海最早的英国领事馆旧址，这一选址不仅完全烘托出半岛典雅的世纪情怀，又兼顾了酒店严谨、高端的品牌形象。又如，另一国际奢华酒店品牌——丽思卡尔顿集团在天津新开的分店，将其设在天津政治文化中心和城市中央商务区核心地带的海河边英伦文化区，与历史古迹和文化地标近在咫尺。酒店外部设计与当地城市文化背景相融合，传承了城市的传统文化特色。

图 3-1　经济型酒店

图 3-2　上海半岛酒店

图 3-3　天津丽思卡尔顿酒店

2. 外部造型设计

外部设计风格是酒店凸显品牌文化的另一重要手段。我们仍以经济型酒店与高星级酒店为例。

图3-4　经济型酒店

前者对外部造型的要求可归纳为两个字——好认。所以,即使在不同地域,经济型酒店的店面外部造型基本一致,且外立面喜欢选用靓丽的色彩配以大块、醒目的logo,以便识别。

后者则更注重以高端富有内涵的品牌理念吸引追求高品质入住体验的消费群体。所以,在设计外部造型时,除了保持自有品牌文化的一贯特征外,还会有意识地吸取当地具有民族或城市特色的自然或人文元素,并融入设计中,因为"越是民族,越是世界"。

例如,土耳其地穴酒店就因地制宜地直接以当地的地穴环境作为酒店外部造型,可谓得天独厚,见图3-5。

图3-5　土耳其地穴酒店

又如,巴厘岛洲际度假酒店的外部设计与当地自然风光融为一体,成为与大自然共存的无围墙酒店,浑然天成,如图3-6所示。

图3-6　巴厘岛洲际度假酒店

二、内部基础设施

依据酒店自身的建造理念而设计出的内部设施,不仅能彰显该酒店独有的特色,还能展现出管理、服务等综合实力。酒店中必不可少的基础设施包括前厅、客房、餐厅、会议厅、康乐场所等。

1. 前厅

客人踏入酒店后的第一站就是前厅,此外商务中心、大堂副理接待处等设施也均属于前厅部。酒店的前厅通常设在酒店的大堂中,因而大堂对于展示酒店形象起到了举足轻重的作用。

作为宾客出入酒店的必经之地,大堂既是对外展示酒店经营理念和文化的重要场所,也是整个酒店通向其他主要公共区域的中心枢纽。因此,大堂的设计起到集中体现酒店风格,突显建筑核心的作用。下面为大家介绍几家酒店各具特色的大堂设计。

图3-7　新天地朗廷酒店

新天地朗庭酒店三层高的大堂中庭内,以汉代宝马作装饰的柱子上下贯穿,灯光隐约从镂空图案中透出;黑色地砖上印有"马踏飞燕"的图案,象征中华文明的繁荣;地毯的灵感来自汉代瓷器的绿色及棕色花纹。古今结合的设计理念运用得如此行云流水,让人感觉相得益彰。

位于阿姆斯特丹史基浦机场的希尔顿酒店大堂内,采用透明顶棚设计使客人在沐浴阳光的同时,还能仰首观看往来的飞机。这一大堂的三维空间设计效果强烈,使入住客人仿佛置身于天穹之下。

图 3-8　阿姆斯特丹史基浦机场希尔顿酒店　　　图 3-9　金茂君悦酒店

　　金茂凯悦酒店大堂是一个自下而上的金色空间，如同华光一泻千里，仿佛置身于时空隧道中，这一设计充分运用了光影的空间设计效果。

　　三亚石梅湾艾美酒店内高高的木质斜屋顶下，长方形的大堂正对海景，每位宾客都能感受到"穿堂海风"送来的清新舒爽，这也是酒店环保理念的最佳体现。

图 3-10　三亚石梅湾艾美酒店

2. 走廊、电梯

在酒店大堂通向客房、会议室、休闲娱乐场所等设施的过程中,走廊与电梯起到了连接作用,而顶级酒店也非常重视对它们的设计,力求呈现出的效果能贴合并充分展示该酒店的品牌文化理念。

(1) 走廊

当客人漫步走廊,稍加留意,就会发现古典庄重或奢华重彩又或现代前卫的风格,均能在走廊中找到与之呼应的装饰设计。精心修剪的花卉盆景,华丽璀璨的吊灯,又或许是夸张奔放的绘画作品,遥相呼应,深入人心。

图 3-11　新天地朗廷酒店大堂一角——思考的天使

(2) 电梯

电梯是使用频率较高的酒店设施,它也是宣传酒店文化的最好载体。

图 3-12 中,上海新天地朗廷酒店电梯门前的肢体艺术雕塑生动形象,仿佛在告诉每位客人:"欢迎光临!请跟随我们的指引,乘坐客梯,前往您要去的地方。"雕塑肢体夸张却又不失风趣,给人以愉悦之感。

图 3-12　新天地朗廷酒店大堂电梯间

3. 客房

客房是酒店内使用效率最高的设施。

(1) 房型

- **基本房型**

无论是经济型酒店还是高星级酒店都应具备标准客房、高级客房等基本房型。我们以标准客房为例,具体见表 3-1。

表 3-1 标准客房基本设施

配套设施	配 套 标 准
床型	两张标准大小的床,根据酒店及房型的不同等级而设有不同的标准,一般为 1.2 米或 1.5 米不等;大床房的床一般为 1.5 米或 2 米不等
家具	座椅、沙发、写字台或梳妆台、衣橱、床头控制柜等
卫生间	坐式便器、梳洗台、冷热水洗浴设施、一定数量的卫生用品
其他	调节温度的分体空调或中央空调
	可以直拨国内或国际长途电话
	电视机和音响设备
	一定数量的文化用品

表 3-1 中的配置能满足入住客人的基本生活需要,如图 3-13 所示。

图 3-13 经济型酒店标准客房

- **豪华房型**

高星级酒店除了提供基本房型外,还提供各种规格的豪华套房(包括总统套房)。这些房间设施从家具、电器到床单、枕头都会选择优质、舒适甚至昂贵的奢侈品牌,为客人提供最好的休憩空间。

例如,上海华尔道夫酒店的总统套房具有 260 平方米的面积,尽显奢华与优雅。该套房共有三间卧室,一间为私密的主人起居室且配备宽敞的步入式衣柜、舒适的漩涡浴池,另两间可供友人同住,也均配备华尔道夫柱式床及双洗漱池、古典式猫脚浴缸,大理石装裱浴室;装饰典雅的客厅及书房则可招待贵客,而功能齐备的厨房则可让客人亲自下厨,增添一份乐趣。

图 3-14　上海华尔道夫酒店总统套房

(2) 特色

- 科技元素

科技的进步推动着酒店设施不断地向智能化迈进,它们在高星级酒店中为客人带来更快捷轻松的用户体验。图 3-15 中的设施就是客房中一项最新的技术,你能猜到它的用途吗?

图 3-15　床头控制台

这是半岛酒店为每间客房提供的床头控制台。它具备了遥感控制功能,客人只要轻触按钮就可以调节房间内灯光、空调、电视、收音机等各种设备。此外,免提功能的电话、天气预报显示、手机充电等都能一机搞定,相当便捷。

- 品牌效应

① 小物品大品牌。客房中一些不太起眼但又必不可少的生活用品是各家酒店品牌理念的缩影。例如盥洗室、客房配备的相关用品,酒店通常都会选择消费者熟悉的品牌,这样不仅在质量方面有所保障,更重要的是体现了该酒店的服务品质。下面以经济型和高星级酒店为例。

经济型酒店以快捷、便利、低成本运营作为企业经营方向。因此盥洗室以实用为主,通常选用大众品牌或自有品牌。近年来,随着环保理念的加强,不少经济型酒店不再提供一次性洗漱用品。

图 3-16　经济型酒店盥洗室传统六小样

图 3-17　浦东丽思卡尔顿酒店盥洗室-观景浴缸

高星级酒店秉承体贴、舒适中彰显奢华与优质的经营理念，盥洗室中会配备有一线卫浴品牌、观景按摩浴缸等，甚至会配置液晶电视。

② 民族风树品牌。近年来，环保风和民族风使得具有民族特色和注重环保的酒店异军突起。例如，建造在沙漠之上的"原始风情"酒店，印第安民族风景保护区的"民族风情"酒店等。它们的客房都是以古朴原始、与自然融合的民族文化特色吸引各地游客。

"民族风情"酒店的整间客房用天然材料装饰和布置。客房床上铺着带有印第安特色图案的被子，床单被褥均为天然材质，清洗时用的也都是可生物降解的绿色洗涤剂。整个旅馆设有非常完整的废物回收系统，从而减少了对环境的污染。

图 3-18　印第安人风景旅店客房

4. 餐厅

如今的酒店餐厅早已不是单纯的就餐场所,而是在提供美食的同时,能将娱乐、休闲等各功能融汇于其中的综合性场地。因此,为了尽可能向客人提供周到的服务,较高级的酒店一般都会设立中西餐厅、风味餐厅、咖啡厅、宴会厅、酒吧等各类餐饮设施。

(1) 选址

餐厅的位置不论是传统的室内,还是独辟蹊径设置在别处,都应契合酒店自身的风格与优势。

图 3-19　上海新天地朗廷酒店露天酒吧

高星级酒店特别善于挖掘自身的建筑特点和品牌优势,将富有特色的休憩空间和用餐环境相结合,吸引各方宾客。例如,上海新天地朗廷酒店就是利用所处的地理位置优势,在一楼设计了宽敞舒适的露天酒吧。客人们亲切地称之为"钢筋水泥间一抹清新绿色港湾"。

(2) 装饰

主题餐厅是现今酒店餐厅设计的发展方向。其独特的风格既能烘托酒店的综合实力,又能从一个侧面展现餐厅佳肴的特色。

例如,杭州雷迪森铂丽大饭店将整个二楼自助餐厅以"帆船"为主题突显出以新鲜的海鲜为卖点这一特色。整间餐厅外形如同一艘敞开的帆船,内部更有许多和帆船、航海文化相关的装饰和布置。这种将主打美食和环境布置相统一的设计效果,让客人在就餐过程中仿佛置身于海洋之中,甚是有趣。

图 3-20　杭州雷迪森铂丽大饭店二楼自助餐厅

又如迪斯尼酒店的主题餐厅采用了鲜艳活泼的主色调，随处可见的迪斯尼卡通元素，甚至餐具、食品都是迪斯尼卡通造型，让人仿佛置身卡通世界中，能时时体验纯真的童年乐趣。

图 3-21　迪斯尼主题餐厅

（3）厨房

传统意义上的厨房是建在客人看不见的餐厅后方。但随着食客用餐需求变得日趋多元化，厨房操作过程透明可视化也成为了一种主流。因此，开放型厨房模式正逐渐成为主角。最常见的就是酒店自助餐厅内的开放式厨房，特别是一些高星级酒店建造的开放式厨房则做得更为极致，可以直接提供私人定制服务，即客人透过玻璃近距离观看厨师们为其烹制私人美食的每一环节。

例如，上海半岛酒店中餐厅逸龙阁推出的用餐体验包间，由陶瓷锦砖装饰的房间内部最多可招待八位客人。一侧玻璃墙能让用餐者观看到厨房内部环境，同时特别配备的高清 LED 屏幕（就是图 3-22 中墙上挂画像的地方）则是全视角直播每一道佳肴的烹饪过程。

图 3-22　私人定制开放式厨房

5. 咖啡厅、茶座

高星级酒店环境优雅、空间感强、私密性好，附上有品质保证的茶点和服务，越来越多的人开始选择在酒店大堂茶座或咖啡厅喝杯茶,休闲或商务两相宜。

例如,为了体现高雅和别致,半岛酒店等五星级酒店除了邀请专业弦乐队现场演奏外,还提供正统、精致的下午茶品,为客人带来美味和精神的双重享受。

图 3-23　精致下午茶

6. 会议设施

随着商务活动的日益增加,会议设施也成为大型酒店必备的硬件设施。为了满足客人的不同需求,酒店会议设施的品牌意识及灵活性日益提升。

图 3-24　上海会议中心　上海厅

(1) 灵活拆分

上海国际会议中心的上海厅可以根据需要随时布置成大型会议室或可容纳 3000 人参加的大型宴会厅。

(2) 彰显品牌

高星级酒店在设计会议厅时,十分注重品牌效应。大多会选择和酒店主体色调相符的装饰,使酒店会议厅的整体氛围与酒店整体结构相得益彰。天津丽思卡尔顿酒店的会议厅布置就选用了与酒店主色调同系列的色彩,有效地凸显了该酒店的设计文化。

图 3-25　天津丽思卡尔顿酒店会议厅

7. 娱乐设施

（1）常规娱乐设施

酒店大都配有与其规格相适应的歌舞厅、健身房、SPA 休闲中心、游泳池、儿童游乐中心及辅助设施设备以供宾客休闲放松。独特的环境布置、高档的设施设备、先进的服务理念使得客人在享用这些娱乐设施的同时，能感受到酒店宾客至上的服务理念，使其成为酒店品牌传播的重要载体之一。

图 3-26　户外游泳池

例如丽思卡尔顿酒店的水疗馆，由美国著名室内设计事务所 HBA 倾力打造，设计师将古丝绸之路元素与现代时尚融为一体，同时结合当地文化以立体线条勾画整个馆体。馆内拥有豪华恒温的玉石床，配以具有历史印记的木制结构、金属、大理石、古时丝绸之路贸易中同名的绸缎作为装饰材料，让人仿佛置身千年古丝绸之路中。

（2）亲子娱乐设施

随着家庭旅游的日渐盛行，酒店儿童游乐中心成为了游客们关注的新宠。越来越多的年轻家长愿意将孩子托管在儿童游乐中心内，让自己的宝贝开心玩耍的同时，又能保留自己的活动空间。因

图 3-27　水疗馆

此,营造一个安全、舒适、充满童趣的儿童乐园已经成为高档酒店品牌展示的重要主角。

例如,三亚喜来登酒店就充分考虑了儿童好动和喜欢色彩丰富的特征,建造了色彩鲜明、安全舒适的儿童休息室,深受家庭宾客们的认可。

图 3-28　酒店内的儿童游乐园

又如,三亚丽思卡尔顿酒店专门为儿童设置的水上游乐场就建造在郁郁葱葱的绿树环抱中,为寻找戏水天堂的孩子们带来阵阵清凉。

图 3-29　三亚丽思卡尔顿酒店室外儿童水上乐园

8. 其他细节配件

除了以上硬件设施,酒店还有许多细节之处值得体味,一张便签纸、一支笔、一瓶水、一盏灯,随手之处,抬眼之间,都能让人从这些小物品中感受酒店文化的浸润。

图 3-30　迪斯尼酒店主题房卡 　　　　图 3-31　意大利小镇铜质古朴客房钥匙

场景二　温情暖人——酒店软服务

如果我们将硬件设施喻为酒店的骨架，那么服务就是酒店的血液。服务是酒店参与市场竞争的有效手段之一，也是影响酒店经济效益的第一要素，同时也能验证酒店管理水平。因此，具备优质的服务水准，才能成为客人选择入住的持续动力。

一、服务理念的内核

1. 服务

"服务"一词的本质含义可以用英文单词 SERVICE 来精确解读：smile（微笑）、excellence（优秀、出色）、ready（准备好）、viewing（看待、一视同仁）、invitation（邀请）、creating（创造）、eye（眼神）。

2. 酒店服务

酒店服务指服务人员借助酒店设备设施以及其他劳动资源为宾客提供各种劳务的总和。其特征如下：体验性、同步性、不可储存性、多样性、关联性、组合性，其中体验性是最重要的。因为，只有体验到人性化服务，客人才能心甘情愿地大方消费，从而为酒店创造经济效益。所以，提供最佳服务是酒店创造利润的法宝，是酒店的生命。许多知名酒店集团正是将这一理念充分融入整个管理系统中，才能在行业中屹立不倒。

二、酒店的特色服务

全球化的世界格局使得各酒店只能在相同的市场内竞争并提供相似的核心服务。若某个酒店想要突破重围，获得竞争优势，唯一的途径就是提高服务产品的附加值。辅助性服务可以发挥"杠杆效应"，提升整体服务在消费者心中的价值。例如，核心服务是一件干净整洁、设施齐全的客房，那么辅助性服务则包括客房以外的额外服务——叫醒、早餐、报纸、洗衣、机场接送等。除此之外，酒店各显神通的特色服务，也是吸引客人的重要法宝。

(a)　　　　　　　　　　　(b)

图 3-32　酒店礼宾服务

1. 增值服务

踏进客房的一瞬间，意外发现舒适大床的中心摆放着用新鲜花瓣组成的"心"，相信每位入住的客人都会感受到浪漫温馨的感觉，这就是最好的无声增值服务。当然，这种浪漫布置通常都是预先依据客人的相关信息而提供的，这样可以避免对客人造成不必要的困扰，例如对某些花草过敏或有禁忌的客人就不宜采用这样的布置。譬如，三亚丽思卡尔顿酒店就会在客人首次入住时，在房内挂上新鲜的代表三亚特色的鲜花串表示欢迎；每天傍晚客房服务后，用颜色鲜艳的三亚海滩特产——贝壳或海螺在床上摆放形态各异的造型。又如，迪斯尼酒店为入住的亲子家庭提供的物品用不同颜色、图案加以区分；拖鞋或牙具则提供儿童型号，让客人倍感舒适和方便。

若是有特殊需求的客人，一些酒店还能提供绣有本人名字的专用浴袍、浴巾等贴心用品；在客房内配备绿色植物；增加电熨斗、熨衣板和丝绸衣架；配备环保应急手电筒；特别针对有过敏症的客人则在房内预备多种枕头、被褥以供客人选择；有时还根据季节或宾客特点设计独有的客房夜床服务，如：含有助眠精油的冷毛巾等。

入住过半岛酒店的客人，一定会对他们的接送服务留下深刻印象。整个豪华车队包括定制幻影劳斯莱斯加长版和宝马七系列轿车。除了提供住客的机场接送外，还可提供时租。为了方便客人，轿车内还配备免费无线上网和免费长途网络电话。使客人在行驶途中也能体验舒适、便捷的周到服务。

图 3-33　酒店增值服务 1

图 3-34　酒店增值服务 2

图 3-35　酒店增值服务 3

2. 主题服务

酒店提供特色服务时,会充分利用酒店所处的地域、推崇的文化和秉持的品牌理念提供具有酒店特色的主题服务。在特定的文化氛围中,使客人获得极具个性的文化体验;同时将服务项目融入主题,以个性化的服务取代一般化的服务,让客人获得欢乐、知识和新鲜感。

例如,迪斯尼酒店为客人提供主题PARTY,卡通人物不仅在餐厅、泳池等酒店公共场所与客人共度美好时光,还能根据要求到客房进行主题活动,让客人在享受快乐的过程中,深深感受酒店的独特魅力。

图 3-36　迪斯尼酒店主题 PARTY

3. 管家式服务

管家,英文名为"Butler",源于英国早期贵族家庭中的管家服务。传统的私人管家主要负责监督、管理整个家族的仆人,对待主人友好而不亲密,能揣测主人的需要,并善于保护主人的隐私。此外,管家还必须有着极高的个人素养和丰富的生活知识。

五星级酒店内的贴身管家,在酒店中实际上是一种更专业化、私人化的高档次酒店服务,就是把酒店中的分项服务集中到一位高素质的服务人员身上,为客人提供个性化服务。贴身管家服务是酒店提供的无缝隙、全天候一站式服务,代表了一种追求极致的服务精神。

图 3-37　管家式服务

近年来,我国大中型城市酒店业发展迅速。大量新的酒店开业,使得酒店间竞争不断升级。为了获得更多高端市场份额,提升服务品质,创新服务特色,打造服务品牌,国内很多星级酒店也开始推行"贴身管家"服务(也称 Concierge 金钥匙),为客人提供一种更专业化、更私人化、更个性化的无限贴近顾客需求的高端服务。其服务理念精髓主要体现在以下三个细节中。

(1)细节1——核心服务

专职管家比一般酒店服务员更注重细节。客人入住前,贴身管家就要做好详细的接待计划,了解客人的生活习惯、个人爱好,如:客人沐浴时喜欢的水温、用餐时爱吃的饭菜等。客人入住后,私人管家要负责客人的起居、行程、用餐、洗衣等工作,每天做管家日记;客人有需要时,要立即出现,所以在夜里,私人管家通常住在客人房间边上,随时准备处理突发状况。

(2)细节2——礼仪抓手

私人管家需要知道的常识还包括一些礼仪的细节。例如与客人说话时,最好保持在一臂半距离;敲房门、每次按铃的间隔,控制在7秒左右;走路不能东张西望,一旦眼睛余光扫到周围有客人,应立即停下脚步,为客人让路;给客人递笔时,应握住笔的前部,使客人接到笔的后部,让他拿得顺手;送报纸时,将报纸斜靠在手臂上,露出每张报纸的报头,让客人一目了然;要每天检查客房的垃圾桶,发现重要文件等物品需代为客人保管,等客人回房后进行确认等。

(3)细节3——沟通纽带

24小时专职管家的服务周到细致,需要较高的服务素质和服务热情,更需要拥有在各部门间良好沟通、协调的能力。他们就像一间酒店的核心枢纽,在客人和各部门间进行高效沟通。

以客人为尊,从客人的角度为客人做最贴心的设想,甚至要在客人说出口之前就已经为客人准备好,这些都是酒店管家必备的服务精神,也是一家酒店追求卓越、注重细节、"以客人为本"的文化体现。

总之,酒店软服务的经典在于将酒店服务心理运用自如,炉火纯青,处处体现与酒店品牌和文化相一致的行为举止,诸如尊重客人、服务快捷、体现内涵——明确客人在旅行或进行商务活动的同时,也能享受和体验异地文化特色。所以,除了在环境美化、装饰布置等有特色的方面吸引客人外,服务人员通过语言、表情、动作及时传达当地的文化和传统给客人,使其得到宾至如归、身心愉悦、物超所值的感受也非常重要。

酒店文化对奢华的定义并不仅仅局限于顶级地段、奢华装修,更重要的是一种对顾客的"绅士淑女发自内心的服务精神",这包括"舒适款待"和"给客人幸福感",这是一种个性化服务,它将会使客人留下非常深刻的记忆,也能成为很出色的酒店名片。

场景三 严谨有效——酒店优管理

酒店业是面向社会的服务性行业,要完成对客服务工作,需要各部门的密切合作。

无论是经济型连锁酒店还是高星级酒店,在为顾客提供优质服务,为酒店创造经济和社会效益的目标上是一致的。因此,即便各自拥有不同的经营理念,在训练、培养严谨高效的酒店管理队伍上的想法却是一致的。

一、酒店管理的概念

1. 管理

管理是指人们为了达到某种预期的目标,进行一系列有组织、有意识的实践活动的过程。酒店管理包括酒店组织管理、酒店计划管理、酒店服务质量管理、酒店业务管理、酒店人力管理、酒店财务管理、酒店营销管理、酒店安全管理、酒店设备管理等。

2. 酒店管理的目的

酒店管理的目的是为了实现酒店的社会效益和经济效益。社会效益是指酒店对社会需求的满足程度:①要满足宾客对旅居生活和日常消费的需求;②要满足酒店所在地宾客的消费需求,直至成为一个对外交流、开放的窗口。酒店不仅在推动商品流通、经济发展、促进对外开放和精神文明建设等方面有着重要作用,其发展水平更是标志着一个国家、一个地区、一个城市旅游事业的发展水平及其文明程度。社会效益是前提,经济效益是结果,两者相辅相成。

二、酒店管理的核心内容

酒店由人力资源、财力资源、物力资源、信息资源、形象资源等众多资源构建而成。酒店这个庞然大物的高效运作离不开有序高效的管理。

在酒店多层次的管理中,向内针对具体的业务活动一直是最主要的侧重点。其主要内容是按科学管理原则组织和调配酒店的人力、财力、物力,促使经营管理活动处于良性运作状态,并在酒店业务运作过程中保证和控制质量,完善对员工的激励机制,提高工作或服务质量,这是实现酒店经营目标的基础。

1. "人"是酒店的核心财富

如何发挥每个人的积极性和创造性,合理地组织与管理人力资源,这是现代酒店管理的核心内容。人力资源管理内容包括:选择和招收合格人才,积极造就专业人才,通过激励充分发挥人的技能,正确处理人才流动,合理调配人员,组织劳动,充分发挥员工的聪明才智,增强酒店的凝聚力和向心力。

(1) 明确职业发展通道

让员工了解未来的晋升空间和上升通道,这是稳定员工"军心"的首要条件。让员工感受到自己与酒店同呼吸共命运,携手共成长。

(2) 明晰岗位责任

酒店管理遵循最基本的管理原则,即按照岗位责任制的要求,明确各类各岗员工的职责范围和服务规范、标准、程序,通过制度保障员工接受培训的数量和质量,从而确保员工在知识技能、心理素养、行为习惯等各方面做好准备,以胜任本职工作。

2. 服务质量和服务意识是酒店的生命线

酒店作为一种综合服务产品,要提高其在整个市场中的竞争力及产品本身的效率,关键在于服务质量。服务质量可分为有形标志和无形标志。员工素质(人事服务的主体)、设施设备是有形质量高低的标志,将直接决定酒店的星级和价格等,也会直接影响服务质量的优劣评级。而齐备、档次、完善和便利的价值体现既是无形服务的载体,又是服务质量的无形标志。酒店员工在客人面前展现的服务意识和服务质量是酒店经营管理能力的综合体现。

服务意识的内涵在于预测并提前或及时到位地解决宾客所需要的服务项目,如果发生情况,按规范化的服务程序解决;遇到特殊情况,要提供专门服务、超常服务,以满足宾客的特殊要求;不发生不应该发生的事情。

在实际管理中,各大酒店都是通过尊重、关心员工,加强与员工的沟通交流,处理好坚持原则与感情治店的原则,努力通过各种培训浸润企业文化,提升员工的服务意识和服务质量。

三、酒店管理的主要抓手

1. 服务理念浸润员工的行为标准

(1) 客人就是上帝

宾客到酒店消费是出于对酒店的信任,良好周到的服务会给客人留下美好的印象。如果客人有错,服务人员也不能当面驳斥,应尽量为其保留面子,再运用恰当的语言技巧去提示客人。能满足客人的需求对于酒店和客人双方都是双赢的结果。

(2) 客人总是对的

除规范服务外,酒店员工还必须有"常超服务"的意识。客人只有感到足够被尊重,才会对一些不足形成谅解,如:客人觉得水不烫,向服务员重新要热水,此时,如果服务员回答:"我看看,如果不烫就给您换。"这就表明不信任客人,不尊重客人的需求,正确的方法应为:"对不起,我马上给您换。"

(3) 微笑服务

俗话说:伸手不打笑脸人。客人到酒店消费是希望能得到舒心、便捷的服务享受。微笑,阳光而善意,可以为客人营造一种舒适的氛围,容易被客人所接受。跨国企业巨头麦当劳认为:微笑是最有价值的商品之一。

图 3-38 微笑服务

2. 技能培训、团队活动培养员工的服务意识

(1) 强化训练,夯实服务基础

台上一分钟,台下十年功。酒店员工服务水平和服务意识的提高来自日复一日的刻苦学习与不断实操磨练。酒店提供的各种培训,有利于扎实员工专业技能,提升其服务自信。同时,员工在培训中反复练习,锻炼语言、动作和表情,提升快而准地为宾客提供条件反射式的服务的技巧。常见的培训方法有:服务流程培训、外语口语培训、化妆技巧培训、急救知识培训、职业形象培训、礼仪培训等。

(a) 语言培训 　　　　　　　　　　(b) 职业形象培训

（c）礼仪培训 　　　　　　　　　　（d）急救知识培训

（e）化妆培训

图 3-39　培训方法

（2）扩大知识面，增强应变能力，避免机械服务

体验式拓展培训、素质拓展训练包括信任后倒、高空断桥、火海逃生、穿越生死线等，这些活动有助于员工锻炼观察能力、团队协作能力。通过训练，使员工善于发展身边的细微变化，从而能够提供更人性化的服务。例如，发现客人买了水果，就送上水果刀甚至纸巾；许多客人来访时，提前多准备些椅子、茶叶、热水等；发现客人感冒就主动熬姜汤送到客房等。

（a）信任协作——拓展训练 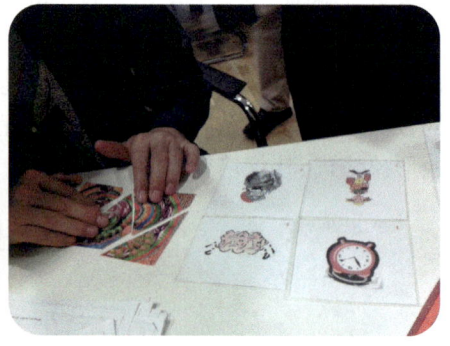　　　　　　　　　　（b）观察细微——拼图训练

图 3-40　拓展训练

（3）创建良好的激励氛围，强化服务意识

强烈的服务意识不是靠外力驱动的，而是由人自身的内在动力驱动的结果。除个人素质外，也常受到外部环境的影响而发生变动。酒店如能创建理想的工作环境和氛围，把做好本职

工作与满足员工的各种需要联系起来,保持和维护员工的自尊心,真诚为员工排忧解难,就能激发员工的工作积极性和进取心,开发其工作潜能。激励的意义在于每位员工能在心情舒畅的工作环境中发挥自己的能力,改进服务过程,提高服务质量。

(a) 餐厅服务技能竞赛 　　　　　　(b) 客房服务技能竞赛

(c) 厨房烹饪技能竞赛

图 3-41　各种职业技能竞赛

(4) 合理安排工作量,实现高效益的服务

这是培养员工服务意识的必要条件,只有科学分工,明确每位服务人员的职责,以岗位责任制约束每位员工的服务行为,才能使整个团队实现良性、高效的运作。此外,酒店也应重视员工的业余生活,关心他们的日常起居,尤其是对身处异乡的员工,更应多一份关爱,让他们产生"家一般温暖"的感觉。

3. 科学选拔,做好梯队建设

为了更好地传承酒店自有的品牌文化,对于员工的选拔非常重要。过去,酒店在录用或提升员工的过程中往往存在一种倾向——重智商轻情商,即较重视对员工业务知识的教育和培训,而忽视对非智力因素即情商的开发和培养。然而如今的酒店业现状的现实是:靠智商得以录用,靠情商得以提拔;个人奋斗靠智商,彼此合作靠情商;智商是舟,情商是水,舟行借水力,水阔任舟行。

(1) 酒店人才选拔的 5 个变化

- 从注重相貌到注重态度

微笑的员工是挑选出来的,不是培训出来的。

- 从注重经验到注重创新潜力

经验是把双刃剑,既能成就伟大的舵手,也能固步自封,停滞不前而被时代淘汰。

- 从专业对口到能力对口

酒店应考察应聘者是否具备基本的服务素质,包括专业能力、分析能力、思维能力。

- 从依靠经验到依靠科学

万豪集团旗下丽嘉饭店,通过QSP(质量选拔程序)以衡量应聘者的价值观和态度是否符合丽嘉饭店的企业文化,然后才有资格进行专业面试。

- 从内部确定到公开选拔

从"相马"到"赛马"。越来越多的酒店管理层不再只看简历,而是愿意通过公开竞聘的方式选拔合适的人才。

(2) 酒店管理层及其服务理念

- 培养一线管理人员

企业的管理层一般包括:最高层,即决策管理层,职务为总经理;中间层,即执行管理层,职务为部门经理;最底层,即现场督导管理层,职务为领班和主管。

在现代酒店的经营管理活动中,各项行政、接待、服务、生活等方面的工作都要通过主管、领班这一级来贯彻落实。他们对酒店各环节的运行和发展起着"承上启下,连接左右"的重要作用。作为现场服务的组织者和指挥者,他们是客人心中最可信赖的人、是获取信息最多的管理层,也影响着员工和客人对酒店的认可度。因此培养一批中间的继承管理人员成为现代酒店业发展战略的重要组成部分。

- 服务理念渗透品牌文化

香港东方文华集团的管理理念是:如果你不是直接为顾客服务,那么你的职责就是为那些直接为顾客服务的人服务。

美国丽思卡尔顿酒店公司的"黄金标准":不管哪个员工,一旦接到客人投诉,他便"拥有"这个投诉,他有权也有义务去处理它。在一个高标准的酒店中,员工头脑中只有酒店没有个人,个人可以为了酒店的声誉忍受委屈,毫无怨言。

4. 酒店管理的核心艺术——沟通

(1) 沟通的范围

沟通是酒店管理中最重要的一环,它不仅是酒店管理层间的沟通、酒店管理层与员工间的沟通,还有酒店和住客之间的沟通。

(2) 与宾客沟通零界限

酒店和住客之间的沟通越来越受到重视。除了与自己的贵宾客户保持良好的沟通,及时通报酒店的最新动向外,部分酒店还会邀请常住宾客参与酒店的部分项目管理。例如,酒店的翻新改造建议调查、新菜肴的试吃推广等活动。

这种尊重宾客意见,共建共赢的企业文化也体现了酒店管理的与时俱进,能使宾客感受到酒店积极、创新的活力,成为酒店文化宣传的新载体。

课后加油站

1. 案例:

中午时分,某酒店餐厅来了位衣着讲究、打扮入时的时髦老奶奶。服务员小李热情地上前并递上菜单,在老人看菜单的间隙为其倒上红茶。老人翻了翻菜单,突然脸色一沉说道:"我没让你倒红茶,你为啥倒?我明明喜欢绿茶!还有,你们这里的水晶虾仁为什么这么贵？乱宰人啊！"

　　只见小李不急不慌，略微沉思了一下，对着老奶奶说了一些话，老奶奶脸上"阴转多云"柔和了不少，接下来更是兴致勃勃地关照小李，先来一盘水晶虾仁。

　　一场潜在"风波"就这样蜻蜓点水般过去了。

　　想一想：如果你是当班服务生小李，会如何应对？

　　参考答案：

　　（1）面对第一个责问，可这样回答："这是我们餐厅特意准备的餐前红茶，由于红茶利于消食开胃，尤其适合老年人，如果您不喜欢，我马上为您单独换绿茶。"

　　（2）面对第二个责问，可这样回答："这道菜是我们这里的名菜，原材料都是经过师傅们再三选择，然后精心烹饪的。我们规定选用的虾仁一定是一斤12个，不多不少。个头、脆度、弹性都很到位，次一点都不行。品质绝对上乘，您瞧，我们这儿大部分客人都是冲着这道名菜来的。"

2. 请你找一找身边有特色的酒店设计、硬件设施，或令你印象深刻的个性服务。

第四篇　中西风情

学习目标
1. 了解典型的中、西方文化酒店的特色。
2. 了解中、西方酒店文化的跨地域交流。

我国的高星级酒店起步虽然较晚，但随着国家经济地位的迅速提升，旅游业迅速发展，各大酒店集团纷纷进驻，以欧美为典型代表的西式酒店和以本土文化为代表的中式酒店，如雨后春笋般拔地而起。

场景一　国风雅韵——中式文化特色的酒店

一、北京饭店——传承百年的瑰宝（北京）

1. 独特优势

在酒店林立的今天，"元老"级的北京饭店独树一帜，它经历了一个世纪的洗礼，见证了中国酒店业发展的起起落落。

（1）无与伦比的历史地位

北京饭店始建于1900年，可以说是中国现代酒店史上最早的酒店。1903年迁入现址（东长安街33号），1907年由中法实业银行接管。1949年，北京饭店成为新中国国务活动和外事接待的重要场所。2006年12月17日，北京饭店被国际奥委会和北京奥组委正式确定为北京2008奥林匹克大家庭总部饭店，以及国际奥委会的总部和指挥中心。

(a) 20世纪60年代的北京饭店　　(b) 21世纪的北京饭店

图 4-1　北京饭店

（2）得天独厚的地理位置

北京饭店的地理位置极具优势：走出饭店，出门往东即是驰名中外的王府井商业街，往西步行 5 分钟即可达雄伟的天安门，白天是熙熙攘攘的繁华光景，夜晚又是另一番景象，一派静谧宁和。

2. 精彩看点

19 世纪末，北京饭店作为民族企业逆势而生，开创了民族酒店业的先河。

（1）金红造就中国魂

北京饭店内，每一处都是金碧辉煌，从大堂到客房，从餐厅到会议厅，金与红的应用淋漓尽致。

① 大堂：北京饭店基于自身的地理位置以及历史，其大堂充满着浓浓的中国味儿。

（a）C 座大堂　　　　　　　　　　　（b）会展大堂

图 4-2　北京饭店大堂

② 客房：北京饭店共有 733 间客房，风格分为中式和西式。图 4-3（a）所示的西式标间，房内装饰简洁大方，可一览故宫全景。图 4-3（b）所示为传统的中式标间，硬装与软装都透着浓厚的中式传统风格。

（a）故宫景房　　　　　　　　　　　（b）中式客房

图 4-3　客房

③ 餐厅：北京饭店的宴会厅采用极具中式特色的朱红、赤金两色，雍容大气。

(a) 谭家菜宴会厅

(b) 北京厅

(c) 宴会实景1

(d) 宴会实景2

图 4-4 北京饭店宴会厅

（2）极品帝王风

北京饭店的顶级套房实属神来之笔。

先请同学们想一想：五星级酒店最高规格的是什么房间？一般都会回答总统套房。但是，北京饭店的皇帝套房更甚于前者。这间套房位于北京饭店东楼17层西侧，近500平方米，面积是上海金茂君悦大酒店"主席套房"（金茂君悦独有的、该酒店最高级别的套房）的近3倍。整个房间采用明清大木架结构，依据故宫建筑风格为蓝本进行设计，所有建筑材料均采用高档楠木，是目前我国仅有的全部采用高档楠木装潢的总统级套房。

(a) 皇帝套房1

(b) 皇帝套房2

(c) 皇帝套房3

图 4-5　皇帝套房

二、法云安缦酒店——远离尘嚣的璞玉（杭州）

1. 独特优势

法云安缦酒店拥有47座客舍，或大或小，携着法云古村浓浓的质朴，静静地藏于灵隐与永福两座寺庙背后，远离尘嚣，温润无双。

（1）顶级品牌的管理集团

要认识杭州法云安缦，首先要来了解一下安缦集团。在世界诸多知名酒店管理集团中，安缦并不是知名度最高的，也不是影响力最大的，但很多住过安缦旗下酒店的客人，却会成为其铁杆粉丝，那么这个安缦集团到底有何神奇之处呢？

总部设在新加坡的安缦酒店集团（Aman Resorts）是全球奢华度假酒店集团的典范，也是顶级小型精品度假村集团之一。安缦由 Adrian Zecha 创办，初衷是为了让尊贵宾客能够置身远离尘嚣、环境优美的度假村中，享受不被外界打扰的私密假期，体验亲切周到的服务。首间安缦 Amanpuri 于 1988 年设于泰国普吉岛，后在不丹、柬埔寨、中国、法国、法属波利尼西亚、印尼、老挝、黑山共和国、摩洛哥、菲律宾、斯里兰卡、泰国、特克斯和凯科斯群岛及美国等地，共开设了 24 个度假村。

图 4-6　泰国安缦酒店

遍布 15 个国家的 24 家安缦酒店，每一家都是特立独行的，不仅仅是它的选址，更是因为其独特的设计、氛围和待客之道。每一处的安缦都是精心之作，它们和谐地融入了当地的自然与文化。安缦从未定位于最大的酒店，而更热衷于小规模、私密和低调，致力于打造一种无拘无束的生活方式体验。所有的安缦酒店都具有某些特征——优美的自然环境、豪华的设施、独特的服务和小规模的客房，这样才能保护客人的隐私，使其不受打扰。酒店的装饰都利用具有地方特色的素材，反映出周边自然环境和地方传统文化的独有元素。

2008 年 9 月，安缦将其在全球开设的第 20 家度假村落户北京，而杭州则成为她入驻中国后第二个选址的城市，法云安缦于 2010 年 1 月上旬正式开幕。

（2）平和宁静的世外桃源

杭州法云安缦酒店位于西湖西侧的山谷之间，沿路两旁竹林密布、草木青翠。酒店选址的法云古村始建于唐朝，如今以传统做法和工艺修缮一新，砖墙瓦顶，土木结构，屋内走道和地板均为石材铺置。酒店的装潢、摆设都很别致。整家酒店给人以古色古香之感，粉墙黛瓦，青石涓流，所有的细节都透着浓浓的中国古风，吸引着无数想要逃离快节奏生活的人们。

（a）客舍外观 1 　　　　　　　　　　（b）客舍外观 2

图 4-7　客舍

法云安缦共有五种房型：村庄客舍、村庄套房、豪华村庄套房、村庄别墅以及法云安缦别墅。所有客房独立成院落，宁静、安逸，满足了各类高端客户的需求。因而，法云安缦建立的时间虽不长，且房价十分昂贵，但仍有许多宾客慕名而来。

(a) 套房内景 　　　　　　　　　(b) 别墅内景

图 4-8　设施内景

2. 精彩看点

安缦集团在中国建立第一家酒店（颐和园安缦）之前，在国土面积较小的不丹国却已建有 5 家酒店。难道是中国不够大、客源不够多吗？安缦给出的回答是：选址难。从安缦集团在全球各地的酒店选址可以看出，安缦每一家酒店建立的前提是要对当地文化进行深入的考察研究，再进行建筑改造和设计，力求将本土的人文精神与自然景观达到最完美契合。

(1) 隐士文化

法云安缦是由明清遗留的古村落——法云古村修缮而成的精品酒店，以明清村落和隐士文化为亮点，定位于为宾客提供一种恬淡飘逸、随遇而安的生活意境。其中，古建的外观和朴素艺术品互称，形成了典雅不侈的隐士文化气氛。

从酒店整体来看，主要发掘其古村落历史文化价值和毗邻两大寺庙的宗教优势，同时也把文化商业化向世界开放，让更多的世界游客体会明清隐士文化。法云村早在明朝时期就是诸多隐士文人（如：张岱）的隐居之地，因此在设计该酒店时，还突出了明清文人隐士文化作为主导的设计概念。

(a) 图书馆 1 　　　　　　　　　(b) 图书馆 2

图 4-9　隐士文化

从酒店内饰来看,酒店中每幢建筑均拥有一个诗意的名字,如:清秋居、藏花楼;房内搭配有意义相连的对联;匾体的木料都选用上好的银杏木,对联则用对开的大竹杆进行篆刻,刻好的书法用黑色上彩;客房内的艺术品多采用手卷和小品,充满了旧文人与文化的气息。

(2) 禅意生活

法云安缦的地理优势也被充分认识并应用。它可能是世界上唯一安排房客参与佛寺早课的商业酒店。同时,安缦非常尊重中国传统文化,所有服务员的制服都使用了与村落极为合拍的土黄色,类似僧袍的颜色。明一盏灯,点一炷香,宁静致远,淡泊明志。这样的禅意,你感觉到了吗?

(a) 客舍"佛"光　　　　　　　　(b) 庭院"僧"色

图 4-10　禅意生活

(3) 彰显细节

① 低调,从入口开始。法云安缦入口的处理非常低调。沿梅灵北路,过了下天竺就,路边竖着一块"AMANFAYUN"的路牌,拐入后要穿过一个上书"小西天"的山洞,还有一条长长的安静小径,入到里面右侧就是安缦法云度假酒店,直行上去便能通到永福寺。没有特别明显的标牌、指引。除了契合"低调",安缦也希望客人在偶尔迷路时获得探索的乐趣。

(a) 入口指示牌　　　　　　　　(b) 入口处

图 4-11　酒店入口

② 独特,从营销开始。安缦的营销策略也是独特的。它从不打广告,也不在乎媒体曝光率。因为每家安缦度假村的房间都极少,1∶5的客人员工比,确保了住客在安缦随时随地都

能享受到最周全、最贴心的服务。

(a) 餐厅:像烛光一样温暖的灯光 　　(b) 餐厅:与艺术品为伴

(c) 水疗:清新的雏菊 　　(d) 水疗:木桶中的花瓣浴

(e) 客厅:迎面而来的古朴 　　(f) 卫生间:古朴中的奢华

图 4-12　酒店设施

三、其他典型中式酒店欣赏

图 4-13　江南园林：苏州书香世家平江府酒店

图 4-14　如画风景：丽江和府皇冠假日酒店

图 4-15　浑然天成：香格里拉仁安悦榕庄

图 4-13～图 4-15 所示酒店不仅符合"中式风格"，而且还与当地的建筑特色吻合。较为典型的是苏州平江府酒店，是典型的江南园林格局；香格里拉仁安悦榕庄也在建筑风格上尽显当地特色。

场景二　美范欧风——西式文化特色的酒店

在中国，目前所有的高星级酒店中，西式风格的酒店占较大比重。这种风格，之于经营者，易推广；之于消费者，易接受。

一、上海国际饭店

1. 独特优势

我国各式各样的酒店中，纯欧洲风格或者美国风情的酒店并不多见，更多的是欧洲风和美洲范儿的融合，一般以一种风格为主，另一种风格为辅。上海国际饭店就是一家以美式风格为主、欧式风格为辅的酒店。

（1）不可复写的上海地标

上海国际饭店，曾经保持"远东第一楼"的记录长达半个世纪之久，也曾是上海的象征。

上海国际饭店极具历史价值，见证了一座城市的变迁。1950 年，市测绘部门以国际饭店楼顶旗杆中心作为上海的"零"号位置，以此为原点，确立了上海城市坐标系，在地图制作等领域广泛运用。进入 21 世纪，其先后被评为"上海市优秀近代建筑"、"全国重点文物保护单位"以及"中外酒店白金奖——十大地标酒店"。

图 4-16　20 世纪 50 年代的国际饭店

(a) 饭店大堂中的上海市坐标原点　　　　(b) 原点简介

图 4-17　地标

（2）名流汇聚的经典场所

自 1934 年 12 月 1 日正式开业起，国际饭店便一直是名流汇聚之所。不少名流学者为饭店留下的诗、书、画作品，成为饭店的传世之宝。

图 4-18　名流墨宝

2. 精彩看点

（1）独领风骚的建筑

国际饭店是中国人自己筹资建造的第一幢摩天大楼，也是 20 世纪 30 年代亚洲最先进的酒店。饭店由著名的国际建筑设计师拉斯洛·邬达克（匈牙利）设计。由于当时楼高惊人，故有"仰观落帽"之说。

国际饭店虽然由欧洲人设计，但在建设外形上却是不折不扣的美式风格。其平面布置成工字型，立面采取竖线条划分，前部 15 层以上逐层四面收进成阶梯状，显示出强烈的立体感，整幢建筑采用钢框架结构，是 20 世纪 20 年代美国摩天楼的翻版，也是国内最早期"ART DECO"建筑风格的典型代表。

图 4-19　国际饭店顶部细节

小贴士

"ART DECO"

或许你没有听过 ART DECO 风格,但对于美国的帝国大厦想必不陌生,它位于美国纽约的市中心,自 1931 年建成以来,一直是美国的商业文化中心。

ART DECO 即艺术装饰风格,发源于法国,兴盛于美国,是世界建筑史上的一个重要风格流派。ART DECO 演变自 19 世纪末的新艺术运动,结合因工业文化所兴起的机械美学,用比较机械式的、几何的、纯粹装饰的线条来表现,如:扇形辐射状的太阳光、齿轮或流线型线条、对称简洁的几何构图等。随着欧美帝国资本主义的扩张,远东、中东、希腊、罗马、埃及与玛雅等古老文化的物品或图腾,也都成为 ART DECO 装饰的素材来源,如:希腊建筑的古典柱式。

(2) 贵气十足的内饰

国际饭店的内饰除一些文人墨宝外,基本采用了复古、华丽、贵气逼人的西式风格。在卫生间、酒吧、吊灯等细节的处理上,则更接近欧式皇家风格。

(a) 大堂

(b) 客房

(c) 酒吧

(d) 宴会厅

图 4-20　内饰

(3) 回味无穷的西点

国际饭店的餐饮也非常有名,其西点房制作的蝴蝶酥堪称一绝,年销售量可达千万。

二、巴黎丽兹酒店

1. 独特优势

丽兹酒店由"世界豪华酒店之父"凯撒·里兹于1898年创办,距今已有100多年的历史。它以最完美的服务、最奢华的设施、最精美的饮食和最高档的价格而誉满全球。

(1) 一个王子的期待

凯撒·里兹在创办里兹酒店之初,就立志要把酒店办成"一个王子对自己的宫殿所期待的所有精致考究"的宫殿式旅馆,这一初衷始终如一。里兹酒店是世界上第一座每个房间都配备电话和浴室的宫殿式酒店。1979年,埃及富豪莫哈迈德·艾尔·法耶德成为里兹的新主人后,酒店追求尊贵品质的传统依然没有动摇。今天,"里兹"已经成为豪华和完美的代名词。

图4-21　海明威酒吧

图4-22　希腊神庙风格泳池

里兹酒店有希腊神庙风格的地下游泳池;有藏酒数量达3.5万种的全球酒品最全的酒窖和驰誉世界的海明威酒吧;著名的里兹烹饪学校就设在酒店内,有兴趣的客人甚至可以在这里学习怎样制作美味的蛋糕。

(2) 众多名人的追捧

100多年来,里兹始终受到诸多名流的追捧。爱德华七世、波斯国王和瑞典、葡萄牙、西班牙的国王以及俄国大公爵、威尔士亲王等西方近代史上的著名人物,都曾经在这里入住或就餐。在里兹长长的客人名单里,还有赫本、嘉宝、泰勒、霍夫曼以及莎朗·斯通、麦当娜、施瓦辛格等众多好莱坞明星。

可可·香奈儿甚至从1934年到她去世的1971年间一直住在里兹酒店中,酒店专门为她安装了私人电梯,可从她的豪华套房直达酒店后面的钢蓬街大门,方便她到达办公室。

2. 精彩看点

里兹酒店位于巴黎一区的旺多姆广场北侧,酒店的外观看上去十分内敛,五层楼高,门面低调,门口没有醒目的招牌。初来乍道的人,如果没有注意到窗户遮阳棚上的"Ritz"字样,可能都不会发现这里就是鼎鼎有名的里兹酒店。

(1) 另一个空间的凡尔赛宫

巴黎里兹酒店共有106间标准间和56间豪华套房。客房的墙壁上贴着浅蓝、米黄、粉红等不同颜色的壁纸;墙上画框里的画作是欧洲18世纪著名画家的真迹。如果把里兹所有客房的画作集中起来,几乎相当于一个中型艺术博物馆的收藏量。客房的地毯都是来自土耳其的上等货色，地毯之厚之软足以将脚趾埋没。壁炉是拿破仑时代的式样，红木材质的椅子、床、衣柜一律采用路易十六时期的风格；茶几和化妆台上摆放的花瓶购自印度，件件珍品。大厅、走廊等公共空间选用埃及香料，通过送风口向外散播香气。

从外到内，巴黎里兹酒店如同凡尔赛宫的一个缩影，浓浓的法国皇室情怀扑面而来。

图 4-23　朴实的外观　　　　　　　　图 4-24　高雅的内饰

图 4-25　巴黎里兹酒店卧室　　　　　图 4-26　凡尔赛宫王后卧室

（2）另一个世界的天堂

图 4-27　巴黎里兹酒店内饰　　　　　图 4-28　凡尔赛宫内饰

海明威曾言："当我梦想进入另一个世界的天堂时，我就如同身处巴黎的里兹酒店。"无独

有偶,香水大师塞尔日·鲁滕斯也曾经感言:"里兹是一座宫殿,它拥有你所需要的一切,但并不是一个缺乏个性的炫耀场所。在这里,你有回家的感觉,服务生对客人直呼其名,甚至对你的怪癖了如指掌。"会有这样的说法,其实是因为里兹的服务。

巴黎里兹酒店始终坚持温暖而周到的旧式服务,平均每间套房配有三个以上的服务生。酒店的常客一般都是空手入住,而他们的行李箱就存放在酒店的地下室中,里兹甚至还专门备有一个冷藏室,用来存放客人的裘皮大衣。这样的个性化服务,成为了里兹成功的秘诀。

三、国内其他典型西式酒店欣赏

1. 简洁立方体:北京柏悦酒店

(a)　　　　(b)

(c)　　　　(d)

图4-29　北京柏悦酒店

2. 浓情英伦风:香港半岛酒店

香港半岛酒店是老牌酒店中的王牌,更难能可贵的是,一直到今天,其入住率和美誉度仍相当高,走进酒店,浓厚的英伦风情令人流连忘返。而北京柏悦则是较为典型的北欧简洁风,给人以简约明快的感受。

(a)　　　　　　　　　　　　　(b)

(c)　　　　　　　　　　　　　(d)

图 4-30　香港半岛酒店

场景三　珠联璧合——多种文化特色兼容的酒店

作为旅游业的支柱产品,酒店业有着举足轻重的地位,绝多大数酒店在开设之初,它的管理集团或者创意团队,不仅要考虑企业的文化传承,也要考虑当地文化特色,有些甚至还要与当地的生态环境、人文习俗相吻合,这样才能不产生违和感。因而无论开设在何处的酒店(一般指高星级酒店),总是或多或少地融合自身与当地两方面的文化,甚至更多。

一、强强联手,你中也有我

信息化时代的到来推动了酒店业的发展,在其发生巨变的过程中,各种文化交织、碰撞、磨合，不论是"西"中有"中"，还是"欧"中有"美"，在同一家酒店呈现多国文化，正成为一种趋势。

1. 上海和平饭店，九国套房大显神威

和平饭店北楼始建于1926年，1929年建成营业，前身系华懋饭店，由英籍犹太人爱丽斯·维克多·沙逊建造。沙逊大厦于1929年9月5日正式开张，大厦的四层至九层开设华懋饭店，其经营特点是以豪华饭店身份自居，无论是在建筑设计、还是装潢艺术上，无时无刻都在散发着欧洲古典宫廷艺术的气息。

（a）饭店外部　　　　　　　　　（b）饭店内部

图 4-31　和平饭店

和平饭店有着属于自己独有的特点：

（1）闻名遐迩的老年爵士乐队

和平饭店的屋顶花园被誉为是"上海最浪漫的地方"，而在这个地方，常年活跃着一支爵士乐队的身影。

老年爵士乐队由现平均年龄超过75岁的老乐手们组成。他们特别擅长演奏20世纪30～40年代的爵士名曲以及世界名曲。乐队曾27次受邀出访美国、日本、新加坡及台湾地区等地；接待过的贵宾多不胜数，包括美国前总统卡特及里根、挪威国王哈拉尔五世、英国女王伊丽莎白二世、法国前总统密特朗和美国前总统克林顿等。

1996年，老年爵士酒吧还被美国《新闻周刊》评为世界最佳酒吧之一。

（a）和平饭店老年爵士乐队1　　　　　　（b）和平饭店老年爵士乐队2

图 4-32　老年爵士乐队

（2）引人入胜的九国套房

和平饭店拥有知名度极高的"九国套房"，吸引了不少来自海内外的客人前来入住。

(a) 和平饭店英国套房　　　　　　(b) 和平饭店印度套房

(c) 和平饭店德国套房　　　　　　(d) 和平饭店西班牙套房

图 4-33　九国套房

2. 澳门威尼斯人，拉斯维加斯与威尼斯的完美融合

图 4-34　澳门威尼斯人全景

要认识澳门威尼斯人，首先要了解澳门这座城市。澳门地区每年可接待超过一亿人次的旅客，海路、陆路极为便利，四通八达。

酒店文化

凭借得天独厚的地理位置和庞大的游客数量,澳门地区旅游业发展得极为发达。威尼斯人就是其中的典型代表。其与拉斯维加斯的威尼斯人系出同门,均为美国拉斯维加斯金沙集团旗下的物业,澳门的威尼斯人,总投资约 200 亿元,面积更是拉斯维加斯威尼斯人的 5 倍。澳门威尼斯人地理位置极佳,到达机场、码头、市中心等地均较为便利。其内部设有 3000 间豪华客房,可容纳 90 架 747 波音珍宝客机,它是亚洲范围内唯一集庞大设施、旅游热点于一身的旗舰级建筑。

(a)皇室套房

(b)天伦乐套房

(c)佛罗伦萨套房

图 4-35　威尼斯人的套房

澳门威尼斯人配套设施极其完善,集各种休闲娱乐功能于一体,内设:

① 近 90000 平方米的金光名店区(超过 600 家知名国际品牌商铺,是澳门货品种类最齐全的免税购物区之一)。

② 净使用面积约为 12 万平方米,可同时容纳 50000 人以及 5000 个展位的金光会展中心(亚洲最大的会展中心之一)。

③ 可容纳 15000 人的金光综艺馆(可承办各类国际赛事、文艺演出,曾承办 NBA、2008 国际小姐竞选)。

④ 总面积达 1.1 万平方米、备有 18 洞的小型高尔夫球场。

(a) 金光名店区"瑰丽炫金"活动现场

(b) 金光会展厅 F 馆展出现场

(c) 金光综艺厅"潘玮柏演唱会"准备现场

(d) 迷你高尔夫球场

图 4-36　澳门威尼斯人内设设施

(1) 极具特色的酒店环境

澳门威尼斯人酒店位于澳门路氹金光大道中心地带,占地 1050 万平方米。整间酒店以意大利水都威尼斯为主题,威尼斯特色拱桥、小运河及石板路随处可见,充满着异国风情。

(2) 丰富多样的服务设施

澳门威尼斯人除浓重的威尼斯风情外,各种设施一应俱全,可满足客人各种各样的需求。比如,泳池可供客人举办私人派对,水疗中心设有多个护理疗程供客人选用,诊所可提供门诊服务甚至一般手术。

(a) 恍若身在威尼斯　　　　　　　　　　　(b) 碧波荡漾贡多拉

图 3-37　威尼斯风情

(a) 酒店拱顶　　　　　　　　　　　　　(b) 大堂标识

图 4-38　内部装饰

二、中西合璧，文化来点睛

作为一个旅游资源丰富、经济发展迅猛、国际化程度提升快、本国及客源国人口众多的国家，高星级酒店在中国的发展不论是过去还是未来，都是必须并且必然的。截至2012年1月，我国仅已挂牌的五星级酒店就有660家，是2000年的5倍，另有待建、在建及刚建完的按照五星级标准设计的酒店项目约有500家。如此激烈的竞争环境，若要立于不败之地，酒店势必要"不走寻常路"。

1. 广州丽思卡尔顿，孔子早安问候卡

当你在广州丽思卡尔顿的行政酒廊享用早餐时，在餐桌上每天都会发现早餐问候卡，卡上摘录了《孔子》里的经典语录，除中文外，还配以英文注释。这一细微却有趣的举措得到了国内外诸多宾客的一致好评。

2. 北京费尔蒙，一辆宝马单车游北京老胡同

为满足喜欢另辟蹊径的探险型游客，北京华彬费尔蒙酒店与北京文化遗产保护中心合作，开发了一条毗邻酒店的自助游线路，供游客探寻保留至今、但正在日趋减少的文化遗产——北京老胡同。

酒店为客人免费提供宝马山地自行车。为了提高游览质量，还提供含中英双语解说的 IPOD，帮助客人更好地了解这些在建筑史上具有重要意义的街区历史。

图 4-39　单车游胡同

3. 福州香格里拉，刻在寿山石上的菜单

福州香格里拉酒店的管理者在酒店的龙岩厅安排了一场"老福州"主题宴会。会场四周墙壁上贴起了关于福州的怀旧图片（由酒店员工自己所拍的几百张福州市民生活场景照片制作而成），并挂起了福州港的渔网、鱼灯，一角还垒起了福州地道的清红酒。门口负责接待的服务员以及宴会厅里的茶师都是惠安女的打扮，十足的福建风。更为特别的是上菜前的菜单，均为寿山石制成，而菜名就被刻在了神秘美丽的寿山石纹理中。酒店这一独辟蹊径的做法使客人留下非常深刻的印象，也能体味地道的福建情怀。

4. 广州文华东方，一把扇子里的广州情结

对于文华东方酒店而言，扇子就是酒店的象征。这把扇子由世界著名时装设计师谭燕玉设计。折扇色彩鲜艳，由中国戏剧脸谱、几何以及花卉图案巧妙拼合而成。折扇的花卉图案更凸显了广州"花城"的美誉。设计师出生于广州，这把折扇也是她对家乡表示的敬意！

图 4-40　扇中的广州情结

课后加油站

1. 请在你所在的城市里找出一家你认为最具西式或中式特色的酒店（四星或以上），并制作一份电子简报进行介绍。

2. 请以小组为单位（2~4人一组），通过网络平台寻找一家本国特色与外国文化交融比较明显的酒店，然后制作 PPT，并向全班作介绍。

第五篇　百家齐鸣

学习目标

1. 了解城堡的发展史。
2. 了解主题酒店的内涵。
3. 了解经济型酒店的特点。

你想不想体验如童话般的城堡生活，或是入住"金字塔"、出房间就能在"热带雨林"探险？这些看似梦幻的想法现如今已不再遥不可及。

场景一　古为今用——现代客栈与城堡

一、现代客栈

客栈对现代人而言已然成为文艺小清新的代表，一般都建于旅游资源丰富的古镇、古城，这些住宿的地方就是"现代客栈"。

丽江古城就是典型代表。城中有近 2000 多家客栈，大多具有鲜明的纳西特色：三坊一照壁庭院、纳西工艺制作的古色古香家具用品，都令人感受到浓厚的民族特色，而空调、电视、宽带网络等现代设施的齐备，又能使人享受到舒适与便利。

图 5-1　三坊一照壁庭院

如果说丽江客栈透着浓浓的纳西族风味，那么位于苏州古城中心钮家巷的"平江客栈"散发的则是清新雅致的江南风韵。平江客栈是在苏州市控保建筑的百年老宅——方氏祖宅,即"方宅"的基础上,按照四星级标准装修而建的。四路四进的各厅堂,楼上楼下,巧妙地分割出42套功能齐全的套房。在客栈中还可欣赏充满姑苏文化气息的古典庭院。11处小庭院中的两座为石板天井,精美的砖雕门楼,古色古香,哺鸡脊、垂莲柱等园林建筑争奇斗艳。其他九座小庭院散落于各厅堂间,竹篱围栏,湖石点缀,花木参差,可谓各具特色,"园园不断"。桃园,三块相依的秀石演绎"桃园三结义"的三国典故;枫园,植红枫翠竹讨"丰衣足食"口彩,另植"岁寒三友"松竹梅,喻长寿高尚坚强之意;劲松苑,五株松树同植,比喻五代同堂、福泽绵延。

图 5-2　平江客栈行政套房

再如,位于平遥古城的晋泰生客栈是基于冀家大院旧居开发而成的民俗客栈。旧居建于清朝初年1616年,冀家于清朝末年建立了平遥古城唯一一家面粉厂,字号"晋泰生"。进入客栈大门,首先看到的是一条古时用来停轿的五十米长的巷道,不出院落即可乘轿出入,可以想象当时主人的身份地位;再往里走,映入眼帘的是平遥城现存最高大雄伟、保存完整的木制门楼——冀家大院的门楼,雕梁画栋,上有一匾,书写"履谦"二字,意思是履行谦让之德;再往里走会看到第二个门楼,上书"馨无不宜"四个大字。典型的两进式四合院、幽深的巷道、精美的雕刻及彩绘、考究的垂花门楼、传统的土炕、古典的明清家具等,都在诉说这片土地的历史和独特文化。

图 5-3　晋泰生客栈火炕房

二、城堡

现代客栈为客人带来的是怀旧体验,而现代城堡则是揭开了梦幻童话、皇室贵族的神秘面纱,让寻常人也有机会体验古世纪的生活。

1. 城堡的起源

城堡有时也被称为古堡,是中世纪欧洲国王或领主的设防住所,通常构筑在难以接近的地方。因此,多数城堡位于远离城市的郊野。但也有一些城堡因为是城市防御系统的一部分,故位于城市中间或城市一角,并与城墙相连。这类城堡最鲜明的特色是高大的防御性城墙,并由塔楼、城墙、城塔、城壕、堡门等组成。

具有重要防御作用的城堡,即便作为国王、主教、贵族的居所,也不会过多考虑舒适性,因而这类城堡此后多被改建成监狱。另外,作为城堡核心的塔楼,以往是领主及其家眷居住的地方。后来,由于城堡不能抵挡火炮的轰击,失去了军事用途,故被改建为贵族的大府邸。

图5-4 英国安柏丽城堡(建于12世纪)

图5-5 法国宫殿酒店(建于17世纪)

图5-6 英国温莎堡(Windsor Castle)

如今，世界上许多古堡已成为联合国教科文组织认定的世界文化遗产。目前，有些城堡依然是皇室、国家首脑等使用的居所、办公场所等，例如英国的温莎堡、俄罗斯的克里姆林宫等；有些城堡如德国的新天鹅堡、英国的伦敦塔等则成为热门的旅游景点；还有一部分被改造为古堡酒店，如：安柏丽城堡瑞莱斯酒店、皇宫酒店等。

2. 城堡酒店

（1）安柏丽城堡瑞莱斯酒店

安柏丽城堡瑞莱斯酒店（Amberley Castle-A Relais & Chateaux Hotel，简称安柏丽城堡）是一座拥有900多年历史的豪华古堡，傲立在英格兰西萨塞克斯郡。这座中世纪城堡占地12英亩（约48651.6平方米），周围18米高的城墙和雉堞式塔楼在炮火和时间的侵蚀下已经风化。

图 5-7　安柏丽城堡客房

（2）宫殿酒店

宫殿酒店（Hotel Du Palais）始建于17世纪，是一座位于法国比亚里茨（Biarritz）区域的传奇宫殿。它的传奇与拿破仑三世钟爱的皇后Empress Eugenie密不可分。如今的宫殿酒店就是将拿破仑为其建造的宫殿改造而成。

图 5-8　宫殿酒店的套房

场景二　别有洞天——主题酒店

一、主题酒店的定义

主题酒店，顾名思义就是"主题"与"酒店"两者的结合，以文化为主题，以酒店为载体，以客人的体验为本质。其特定主题主要体现在酒店的建筑风格和装饰艺术上，体现在特定的文化氛围，让顾客能从中获得富有个性的文化感受。同时酒店也会将服务项目融入主题，以个性取代刻板，使顾客获得快乐的同时收获知识。

图 5-9 所示的 Madonna Inn 的客房是不是很特别？没错，它是全球公认的第一家主题酒店。该酒店位于美国加州中部海岸，是由建筑巨头兼企业家 Alex Madonna 和他的妻子——旅馆装潢设计师 Phyllis Madonna 共同创建，并于 1958 年 12 月 24 日正式营业。Madonna 夫妇运用原生石材等天然材料，广邀世界各地能工巧匠一同打造这座魔法世界。Madonna Inn 从最初建造的 12 间客房逐步扩充到现在的 110 间，且每间客房风格迥异。这归功于 Alex Madonna 的经营理念："人们可以建造许多相似或者一模一样的房间，这样会很省钱。我尽力向人们提供一个得体的房间，向人们提供物超所值的服务。我希望人们带着微笑而来，满面笑容而归"。

图 5-9　Madonna Inn 的 ola world 客房

图 5-10　Madonna Inn 的 rock bottom 客房

二、主题酒店的内涵

主题酒店的极致水准就是有故事、有人物、有变化。在这方面，美国拉斯维加斯的一些特大型酒店堪称典范，因为他们懂得主题是拉斯维加斯各酒店的灵魂与生命。设计师们会在酒店建筑内塑造古老的威尼斯街道，创造逼真的人造太空、火山喷发等自然景象。整间酒店围绕一个完整的故事，充分利用空间和高科技手段，配以大型演出，使各式各样的人物、故事出现在客人的日常生活中，使他们不由自主地参与其中。以下几家酒店就是典型代表。

1. 金殿大饭店（The Mirage）

对于拥有 3000 多间豪华客房的金殿大饭店而言，热带雨林天堂也不在话下。饭店内，四周围绕着美丽的热带景观，波光粼粼的礁湖和茂密的树林通过泻湖与迷人的泳池相互连接，壮观的瀑布将其紧紧环绕。而在神秘园（Siegfried & Roy's Secret Garden）中游历时，客人可以看到白虎、白狮等珍稀热带野生动物的表演；在海豚馆（Dolphin Habitat）中则可以体验"一日驯养员"、"与海豚一起绘画"等项目。门前每 30 分钟喷发出约 100 多英尺高火焰的人造火山，每每引得游客驻足观看。

图 5-11　金殿大饭店的热带景观　　　　图 5-12　百乐宫酒店

2. 百乐宫酒店（The Bellagio）

百乐宫酒店的设计灵感来源于意大利贝拉吉奥（Bellagio）的科莫湖（Lake Como）。其中酒店最著名的特色就是在门前仿造科莫湖而建的人工湖，其面积达 32000 平方米，并配有音乐喷泉表演，这座贝拉吉奥喷泉（fountains of Bellagio）是旅客必到的景点之一。

百乐宫酒店里还有豪华的室内花园（Conservatory & Botanical Gardens），客人足不出酒店就能够欣赏到各种奇花异草。此外，花园还会根据不同的季节、重大的节日进行各种新装扮。例如，为了迎接 2014 年中国农历马年春节，花园采用了大红灯笼、摇钱树、马等中国元素。

图 5-13　百乐宫酒店室内花园

从上述实例中可以发现主题酒店具有多元化的特点。而自然文化资源和人文文化资源则是主题酒店"主题"的主要来源。以自然文化资源为主题的酒店主要分为生物景观、地文景观和水文景观三类；以人文文化资源为主题的酒店内容就更丰富了，如：历史文化主题、名人文化主题、民族风情主题、艺术文化主题等。因此，主题酒店是将某一文化引入酒店，并将其外观和建筑风格围绕主题而确定，除此之外，酒店的内部装修、装饰艺术、服务人员的服饰及服务方式等也都以营造该主题文化氛围为中心。

场景三　平易近民——经济型酒店

每个人对于酒店的需求各有千秋，但不少人只是希望在酒店可以得到舒适、卫生、费用不高的入住体验。为了满足这部分平民化消费需求的客人，在20世纪初出现了价格"平易近民"的经济型酒店（Budget Hotel 或 Economy Hotel）。

那么，究竟什么是经济型酒店呢？经济型酒店指的是保持低廉价格，针对20％低端市场的价格敏感消费者的酒店。在《WTO现代酒店及餐饮业管理百科全书》中，对经济型酒店的定义是：经济型酒店一般为廉价酒店，该酒店通常只经营客房，酒店本身没有餐饮管理设施或仅有十分有限的餐饮服务，价格低廉。

对于我国而言，经济型酒店是"舶来品"。1996年，锦江集团参考美国有限服务酒店的模式，在上海建立了我国第一家经济型酒店——锦江之星，2004年开始经济型酒店开始在我国蓬勃发展。目前，在我国已经出现了锦江之星、如家、7天、格林豪泰、莫泰、宜必思、假日快捷等国内外连锁经济型酒店品牌。

下面来解读一下经济型酒店的特点。

① 从价格的角度来看，经济型酒店是指与豪华高档饭店和中档饭店相区别的低价格住宿设施，一般用Inn、Lodge来表示。

② 从产品功能和特种的角度看，经济型酒店是与中高档全服务饭店（Full Service Hotel）相区别的，提供一种强化客房功能、弱化附属设施及服务项目的有限服务饭店（Limited service Hotel）。经济型饭店一般不设考究的大堂、豪华的餐厅以及康体娱乐设施，主要提供客房服务和简单的早餐，只有一个餐厅甚至没有餐厅，提供基本的自助服务，如：自助洗衣机、饮料机等，又被称为B&B（Bed and Breakfast）酒店。

③ 从市场定位的角度看，经济型酒店主要目标市场是追求高性价比的旅游消费者群体，如：普通商务人士、中小企业主、工薪阶层、普通自费旅游者和学生群体等，其市场定位应是经济和适度。经济型酒店是针对这些目标市场需求，提供有限的酒店服务、简约的设备设施以及较低的价格水平，以体现高性价比特色的功能型酒店。

④ 从经营重点的角度看，经济型酒店一般定位于普通消费大众，价格适中，主要把客房作为经营的绝对重点，基本设施齐全、干净、方便、舒适，客房的条件可与三星级酒店相媲美；同时，略去一些大型配套设施，如：豪华的大厅、宴会厅、健身中心、桑拿洗浴中心的资金投入，大

幅度降低工程费用,从而使房价降到经济合理的水平;组织上强调以人为本的管理理念、高效的机构设置、精简的人员配置以及一人多能的岗位职责。另外,经济型酒店多分布在大、中城市的繁华路段或要冲,借助成熟街区丰富的餐饮娱乐设施、城市基础建设、交通条件为客人提供便利。

图 5-14 经济型酒店客房

小贴士

经济型酒店的前世

1912年,世界上第一个青年旅馆在德国一个废弃古堡里诞生,并奠定了青年旅馆的基本结构,即以"安全、经济、卫生、隐私"为特点,室内设备简朴,备有高架床、硬床和被褥、带锁的个人储藏柜、小桌椅、公共浴室和洗手间,有的还有自助餐厅、公共活动室。1952年,凯蒙斯·威尔逊根据美国战后私人汽车发展迅猛和家庭式旅游市场需求不断上扬的时代特点,在孟菲斯建起了第一家有120个房间的现代汽车旅馆,规范了汽车旅馆业,为驾车旅游者提供住宿和简单的饮食。青年旅馆和汽车旅馆是经济型酒店发展的雏形。

课后加油站

请根据经济型酒店的特点把下列表格补充完整。

项目	经济型酒店	高星级酒店
服务	有限性服务,一般只提供住宿和早餐	
价格		
消费人群		

第六篇　奇思妙想

学习目标
1. 了解未来酒店的科技化、个性化发展。
2. 了解未来酒店所在地的新奇变化。

信息化时代的到来，既改变了人们的日常生活和消费行为模式，也对企业产生了巨大的影响。企业的经营理念和管理方式呈现出向科技化、信息化、网络化、个性化、人性化等特征的转变。科技手段的创新是未来社会的发展趋势，高科技体验可以成为未来酒店经营和管理的利器，成为吸引客源的竞争力要素。同时，面对酒店行业的竞争局面与价格竞争的市场环境，如何及早思考自己的蓝图与市场的差异性，打造培育自己的特色和差异化市场，成为酒店必将面临的重要课题。

图 6-1　全新智能酒店体验

场景一　突飞猛进——科技发展引领酒店智能化

为了提高服务质量，酒店的管理系统会随客人的需求而不断完善。及时依据客人的需求信息，为客人提供人性化的服务已成为酒店管理的目标与方向。可以预见的是，未来酒店的竞争将主要在智能化、信息化方面展开。

一、"子系统"高度集成

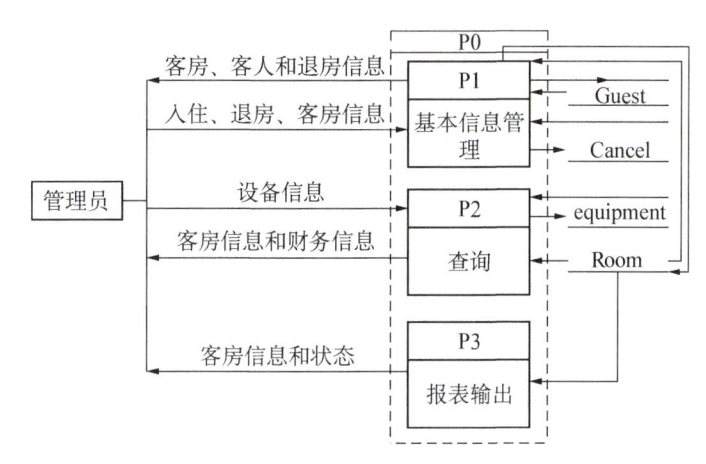

图 6-2 酒店系统管理

所谓子系统一般是指具有一定功能的系统。在分析问题的过程中,为了避免大量的数据互相交叉,从而需要考虑大量相对的关系,我们通常将一个复杂的系统分为几个独立的子系统,这样就可以独立地考虑这些子系统之间的关系,然后再独立地考虑每个子系统内各数据的关系了。

跨子系统的联动将原本各自独立的各类设备或子系统结合成为一个统一的大系统,在不同子系统的信息点和控制点之间建立联动关系。这种跨子系统的控制流程充分发挥了各设备或子系统的功能,进一步保障各种设施的安全、稳定和高效运行,提高酒店的管理水平和品质。例如 BAS 与火灾自动报警、安全防范等系统间的联动,安全防范系统与城市 110 报警指挥中心的联动,公共广播与消防系统的联动等。

酒店需要一个统一管理系统,每个子系统不只是简单实现单一功能,而应该有完整的数据接口的智能控制单元,达到控制及被控制的目的。例如入侵探测器检测到外界入侵信息,通过接口,信息自动传到总控室,控制系统通过接口操作,监控摄像机对准报警区域监视、录像,门禁系统将报警区域周边的出入口封闭等,其他相关部门立即做出相关操作。

酒店建立自己网站的目的在于既能成为酒店对外宣传的工具,又能结合酒店内部的管理系统和客房预订系统,使客人在世界的任何地方都能通过互联网实时预订酒店房间。一旦客人进入酒店后,智能管理服务的信息系统就会识别客人的身份、对客人的消费进行记账管理分析并让其享受打折优惠。除此之外,酒店提供的安全保卫、门锁控制等方面的个性化服务管理最大限度保证了客人的出行安全。

二、个性化智能服务

1. 常规智能服务

酒店常规智能服务就是为客人提供个性化服务的基本功能,如:通过网络技术,酒店的会议室可以跨全球同时同声传影传音翻译;客户管理所积累和建立的"常住客人信息库"记录了每位客人的个人喜好;客房智能控制系统将根据数据库中的信息实现客人私人需求;新的唤醒系统将会在客人设定的唤醒时间前半小时逐渐自动拉开窗帘或增强房间内的灯光;无匙门锁系统,以指纹或视网膜鉴定客人身份;虚拟现实的窗户,提供由客人自己选择的窗外风景;自动

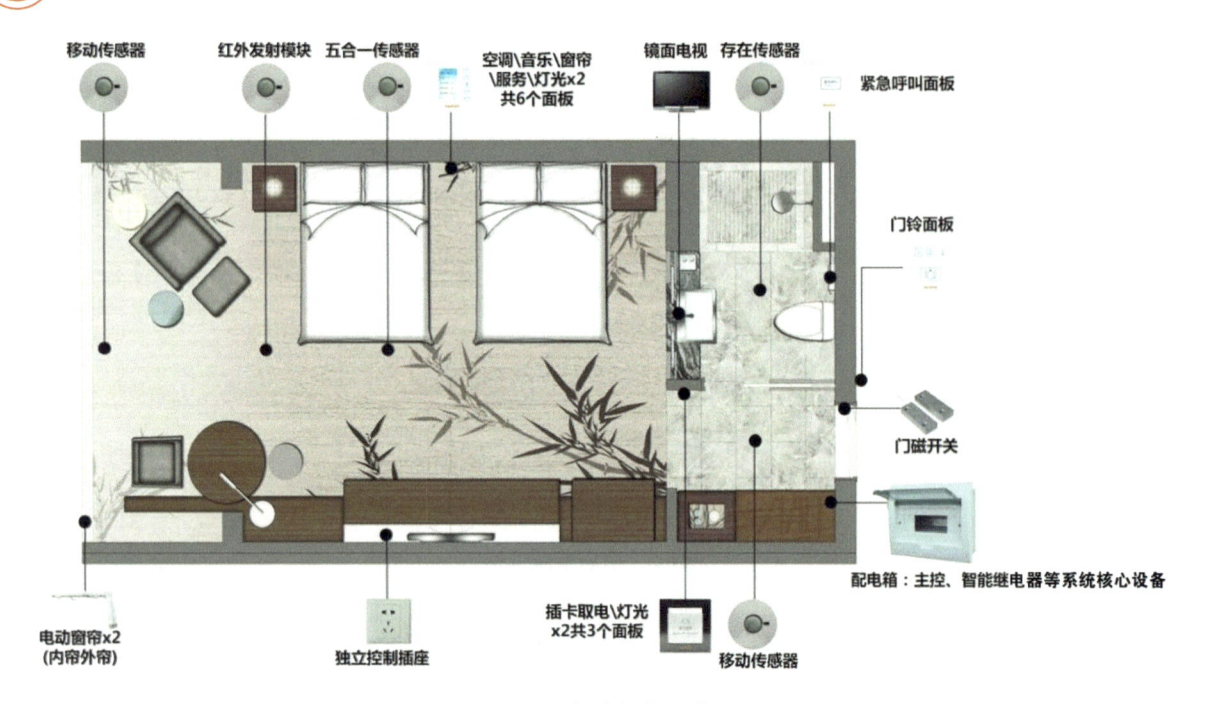

图 6-3　酒店智能系统

感应系统,窗外光线、电视亮度、音响音量和室内温度以及浴室水温等可以根据每个客人的喜好自动调节。

2. 商务智能服务

随着商务活动的日益频繁,高档酒店作为商务活动的重要场所之一,实现整个经营管理计算机化、自由上网、综合信息服务、VOD点播,已然成为必不可少的功能。以计算机智能化信息处理、宽带交互式多媒体网络技术为核心的信息技术,不但会给酒店业带来经营管理理念的巨大变革,也会吸引高端客源,通过为其提供现代化的电子商务服务,为酒店创造高附加值的效益。

图 6-4　酒店 VOD 显示屏

酒店把客人的各类信息通过处理储存在电脑信息库中,制定针对性的措施来满足客人的不同需求。酒店的每一个房间里都装上了机顶盒,客人可以根据自己的喜好点播 VOD,通过机顶盒查看自己在酒店内的消费情况,也可以通过机顶盒上网、查询航班时刻、地理信息等。客人离开客房的时候也不用担心丢失物品。电子门锁采用了电子磁卡,并有编号,有谁进入过客房,系统都有记录。如果客房内丢了东西,系统可以很快查出来,有效地保证客房的安全。

三、酒店网络经营模式

全球网络分房系统可以通过 Interface 接入。网上营销以其信息量大、覆盖面广的特点而成为众多酒店最早接触电子商务平台的领域。通过电子商务平台,让旅行社团、会议团队、散客都可以利用电脑直接访问该系统,从中得到某酒店的详细资料,包括酒店的出租状况,并能立即接受预订和确认。同时利用互联网的便捷,结合各种经营模式,提升酒店的综合效益。

另一方面,酒店可以更多地从网上信息平台获取顾客们的兴趣与偏好,针对客人的个性需求和自身能力重新整合酒店产品,全面提升对客服务和酒店管理,充分体现酒店与顾客共同设计产品的特色,客人们在自己参与"设计"的酒店里,会得到最大程度的满足。

在日常运作方面,酒店经营需要大量的物资,采购量大、成本难以控制成为酒店经营的一大难点,而通过互联网电子订货系统则可解决这一难题,即将批发、零售商所发生的订货数据输入电脑,即刻通过电脑网络连接的方式将资料传送至总公司、批发业、商品供货商或制造处。

四、智能技术的未来

未来城市商务酒店的设计面临着一种矛盾,想要创新,能带给客人意想不到的体验,但同时又不能过分打破既定标准,不然将会面对的是大量的客人咨询和抱怨的电话,如:"为什么我关不掉镜灯?"、"拖鞋为什么不在衣橱了?"等等。没有客人想花费超过 10 分钟的时间来熟悉客房,所以不用亲自动手的感应体验就非常受欢迎。

这种感应体验目前只在全球一些酒店有尝试,但在未来绝对有可能成为主流科技。全球酒店业主们开始聚焦于设计混合思维的住宿体验,这种体验超出客房原本提供的一张睡床,它甚至融合了画廊、医疗或者电影院等元素。

混合思维的酒店设计需要一个跨学科的设计团队,他们会吸收一切可以融合在酒店设计中的元素。例如,让客人在步入酒店大堂的同时,通过自己的移动终端自动办理入住手续。这意味着酒店大堂的网络会自动寻找你的移动终端(比如智能手机),在自动匹配后将房间钥匙以数字化形式自动发送到你的手机上,而当你读取房间号码走到房间内时,房间门会自动与你的移动终端匹配,房门会自动打开。这种感应体验存在于酒店的各个服务中,比如你去餐厅或者水疗,他们都能自动默认你是哪个房间的客人。

即使在房间里,也充满了人体智能感应系统。自动连入网络的电脑屏幕将是可触控操作的;嵌入浴室镜子的电视屏幕在你站在镜子前就开始显现;迷你吧通过感应器记录客人迷你吧的消费;对运动爱好者来说,他们甚至可以通过肢体语言调配嵌入客房卧室墙壁内的 kinesis 健身器材。

在设计师们看来,感应系统不仅方便了客人的下榻,同样在环保方面也非常有用。WATG/IDEO 的设计团队曾经设计出一间代表平衡环保和奢华下榻体验的 Haptik 客房,Haptik 在希腊语中意味着互动体验,房间包括可以通过红外线感应系统而自动调节的光源控制系统,同时 Haptik 套房中的一面太阳能吸热墙可以预热淋浴水,达到房间能源的自给自足。

移动终端已成为不可缺少的元素,比如个性化的灯光亮度和温度偏好设计都可以通过移动终端在客人抵达前设定,酒店也可以通过移动终端提供个性化的旅程,比如用房间的钥匙乘坐当地公车和火车。

未来学家网站创始人格伦·希米恩特拉(Glen Hiemstra)认为,未来酒店会在方方面面改变当今旅游业的面貌。未来酒店到底以何种形象示人取决于很多因素,设计师天马行空的大胆设计虽然让我们兴奋,但实际上,真正具有科幻色彩的假设来源于"纳米技术",简单地说,纳米技术能够让我们在分子水平下完成加工和制造。希米恩特拉提出:"到2030年,我们可能有机会入住可自行改装直至让我们满意的客房。你可以按照自己的要求进行布局,比如选择一张超大号床加一张沙发或者一张单人床加一个桌子。"

机器人技术也将是影响未来酒店业的最为重要的技术之一。根据设想,未来酒店大部分清洗和登记工作将全部由机器人完成。随着机器人技术不断成熟,这一天可能很快就会到来,并不是一个遥不可及的梦。

图6-5 机器人服务员

场景二 与众不同——新概念客房引领酒店个性化发展

目前的全球酒店业竞争激烈。为了吸引客源群并抢占市场,酒店的业主和管理者们都希望自己的酒店既能给客人舒适实惠的感受,又能在经济效益及市场占有率上屹立不倒。

一、新概念主题客房

按照常规,宾客在入住酒店后,逗留时间最长的区域为客房。因此,客房的个性化装修和装饰会给宾客留下深刻的印象,也是影响宾客是否再次入住的重要因素之一。如今酒店的经营者已越来越注重对酒店客房的更新改造,目的就是让住店宾客感觉常住常新。客房设计的新概念要求将客房的设计与宾客的需求、酒店的主题、时尚的风格相结合,设计出既能满足不同宾客的个性化需求,又能突出酒店特色,同时能够体现时尚风格的客房。

例如,希尔顿集团推出"睡得香客房"、"健身客房"和"精神放松客房"等新概念客房。"睡得香客房"从细节的设计和改造入手,精心设计睡床,提供多种可选择的舒适的床上用品,以此来保障客人的睡眠质量。客房中有加厚的床垫,高雅而又不透光的艺术窗帘,闹钟铃响时台灯自动开启,按各人生活习惯设置的生物钟可调灯箱等。这类客房广受高级商务客人的青睐与喜爱。"精神放松客房"内增设了按摩椅、放松泉池、瑜伽术教学录像带等,让客人在私密的房间内恢复或改善健康状态。"健身客房"则在客房内增设了跑步机、室内单车和可调式哑铃等各类健身器材,并且提供了普拉提和瑜伽等教学录像带。这些客房都让客人觉得新奇、舒适且印象深刻,对于提高睡眠效果也有极大的帮助,因而他们能心甘情愿地为此买单。

例如,雅高集团推出的"高科技好客"新概念客房内床很宽,卫生间很大,照明也更好,采用可旋转的液晶显示电视屏幕、遥控芳香治疗系统、环绕音响系统等,让客人感受到非同一般的舒适、安全和快乐。雅高的市场研究部指出,客人离家出门,在心理上和生理上都会变得脆弱,因此会特别留意细节。雅高的所有创新都是在细微之处着墨,非同一般的感受就是通过对这些细微差别的体验所产生的。值得一提的是该芳香系统在全球酒店业中是首先推出"嗅觉识别"这一新的概念,在其床头的电脑显示屏会告知客人有多种香型供选择,只要一按键,客房里就能释放出客人偏爱的香味。

喜达屋集团则推出了"天梦之床"新概念客房,它们将床专门设计成19世纪初曾风靡一时的雪橇床。这种床的床架上部处翘起,形似雪橇的前端,床上配置枕顶靠垫;桌子加宽,椅子是按人体最佳坐姿而设计的;增加木质装饰和更新艺术灯饰,卫生间里灯光更明亮,镜子镶上框架,床上用品和布草织物都是一流品质;所有的家具都从人性化、个性化、简约化的角度出发进行了设计和摆放;明亮简洁的色彩运用、独特用心的开关设计和杜绝噪音的空间装修,从细部真正做到为宾客着想,体现了客房设计的新概念。

二、新概念客房服务

客房的个性化装修设计固然能给顾客留下深刻印象,从而吸引他们再次入住。但是,酒店作为以提供服务为核心的企业,影响住宿客人满意感的不仅仅是这些能够让客人看得到的有形证据,更重要的是那些虽然无形,但能够让客人切身感受到的面对面服务。因此,客房新概念不仅体现在客房主题方面,还应该体现在客房服务方面。

传统酒店客房服务的主要特点是标准化、规范化和程序化。但是随着酒店市场的不断变化,原来传统的"三化"已不能完全满足客人的各类需求,也更难确保留住老客户吸引新客户。因此,酒店客房服务应该导入新的理念,即新概念客房服务,主要体现在客房服务个性化、现代化等方面。

1. 客房服务现代化

现代化的客房服务旨在通过运用或借助现代化设备和技术,为宾客提供更舒适、便利的住宿服务。现阶段,许多酒店为宾客提供的现代化客房服务主要体现在以下几方面:①导入光线唤醒系统;②导入无匙门锁系统;③设置虚拟现实的窗户;④自动感应系统。

2. 客户服务个性化

客房服务个性化是指酒店客房部为住店客人提供代表或体现宾客个人特点的差异性客房服务,让宾客产生满足感。例如,给来过一定次数的客人的睡衣绣上客人的名字,以备专用;在客房的信封、信纸上面烫金,打上客人的名字;为带小孩的家庭提供婴幼儿看护服务;设立非吸烟楼层;为客人提供不同软硬的枕头等做法,这都是客房个性化服务的具体表现。

同时,客房服务个性化还可以指酒店客房部为客人提供代表或体现酒店个性和特色的客房服务项目。例如,中国第一家主题酒店京川宾馆客房部在为客提供个性化服务的同时,特别注重突出酒店的主题文化——三国文化。针对住店客人对三国文化的喜爱,并结合京川宾馆的主题文化,京川宾馆客房部专门为住店客人提供《三国演义》电视剧专用频道,以便住店客人在休息之余,可以重温三国演义的历史场景。

与标准化的客房服务相比,个性化的客房服务不仅有助于满足不同宾客的个性化需求,而且有利于突出酒店的特色,因而能够加深宾客的印象,吸引宾客再次入住。

三、客房管理新概念

随着酒店业的竞争逐步趋向智能化和信息化,如何将智能化管理理念运用到客房的日常管理工作中便成为客房管理的新概念。

酒店智能化管理作为一个综合概念,给酒店业带来了经营管理理念的巨大变革。这一变革要经过不断的建设和发展,逐渐形成一个涵盖数据采集、信息保存、信息处理和传输控制的信息库,这将成为酒店信息化管理和办公自动化的重要基础。从前台的客人入住登记和结账到后台的财务管理系统、人事管理系统、采购管理系统、仓库管理系统都将与智能管理系统相融合,构成一套完整的酒店信息化体系。

客房智能化管理是酒店智能化管理的一个重要组成部分。酒店客房管理者借助客房智能化管理系统,可以随时了解诸如客房销售情况、住客姓名、身份证号码、收费比例(是否有折扣)、预付房金数、住宿类型;客房预订、保留、管制情况;客房打扫和维修情况等。酒店客房管理者还可以运用客房智能化管理系统自动生成各类客房管理报表,并对客房销售情况进行统计、分析和预测,达到有效利用客房资源、提高工作效率、改善服务质量的目的。

场景三 上天入地——未来酒店所在地新奇化

对于大多数商务酒店来说,强调像家一样的体验仍然是追求的目标。在过去10年间,标准客房面积一度从平均20~30平方米扩展到40~50平方米,"未来的客房面积不会无限扩大,相反可能会缩小,因为我们的地球也并没有变得更大。"很多室内设计师这样认为:"重要的体验在于给客房做适当的分区,浴室的面积将变得更大更开放。"如果计算商务旅客停留在客房中的时间,在浴室的时间仅次于在床上的时间,这也是为什么酒店越来越趋向于将洗手间设计为开放式,这样既增加了房间空间的视觉面积,同样也方便客人进出,当不使用浴室,客人可以保持浴室门开放,这种被改变了的浴室和卧室的比例关系以及推拉门的设计都渐渐成为新一代商务酒店的未来标准。

一、陆地

地域特色的元素被中规中矩地使用到商务酒店的设计中,即"现代化地域设计"。而客人越来越渴望在酒店中找到原汁原味的本地感觉,因此,设计师们将当地的艺术作品或者文化元素以现代手法添加到酒店中,并通过订购大量的定制装饰品来加重这种原味风格。其中,以旧翻新是许多酒店采用的捷径,即改建历史建筑、老旧办公楼或废弃仓库,并将这些建筑与现代设计风格融合,最终形成一种全新的空间格局。

在德国汉堡,一座1910年建成的水塔最近被改建成一栋16层酒店,并由瑞士Movenpick酒店集团管理。这栋拥有226个房间的建筑因翻新的屋顶、厚实的外观以及玻璃中庭而闻名,

图 6-6 美国达拉斯国家银行改建的精品酒店

整个大厅都以自然光线为主。

而在美国,得克萨斯的达拉斯国家银行被改建为一间拥有 129 间客房的精品酒店,由美国喜达屋酒店集团管理。这栋建于 1927 年哥特复兴时代的建筑前体用复古建筑壁画重装,在 10 层的基础上又增加了 10 层,并设计附带泳池的露台,像悬臂一样向外延伸,直临街道。

英国伦敦东区有一家临街精品酒店是由 1893 年建造的工业仓库改建。设计公司保留了原有建筑砖墙结构、大型推拉窗以及采光天井,但将地面以日光木材重新铺设。

二、天空

由荷兰鹿特丹建筑学院和世界顶尖建筑设计公司 Wimberly Allison Tong & Goo 的设计师罗姆堡 Hans Jurgen Rombaut 一手设计的名为"疯狂酒店"的卫星将投入建造,预计于 2050 年完工。

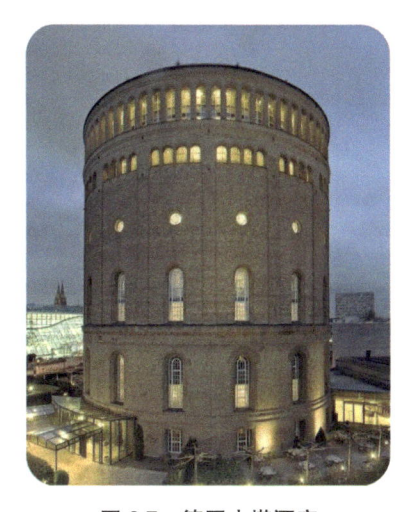

图 6-7 德国水塔酒店

很显然,向月球发射数吨钢铁和水的成本仍旧是一项巨大挑战,但据罗姆堡透露,建筑用料中的相当一部分可以在月球上获得,方式就是利用其现有的矿石。但"疯狂酒店"的入住费用一定是一个天文数字。根据罗姆堡的估计,要想在他的低重力娱乐中心玩上两周,你也许要拿一套高级住宅抵押贷款,才有可能支付得起所需的惊人费用。

"明日豪华"酒店是一艘重 400 吨可飞行的巨型软式飞艇(Aeroscraft),其内部空间巨大,相关设施也与豪华班机不相上下。这座飞行酒店的个头相当于两个足球场,依靠 1400 万立方英尺(约合 39.6 万立方米)氦气、巨型氢燃料电池支持推进器以及 6 个涡轮喷气发动机的运转,使飞艇能平稳地在空中漂浮和飞行。它能够容纳 250 名乘客,飞行高度可达 8000 英尺(约合 2438 米)。除了让乘客体验飞行的快乐外,Aeroscraft 还为准备了贵宾包房、餐厅等,让乘客尽情享受高科技带来的乐趣。

三、水域

1. 水上

高 321 米的帆船酒店又称"阿拉伯塔",是世界上唯一一座 7 星级酒店,由于外形酷似一个被风鼓起的船帆,因此得到了"帆船"这个名字。帆船酒店坐落于迪拜海岸线之上,四周被精妙的水火交融的彩色雕塑环绕,令这里的夜景更加迷人和壮观。这家全套房酒店的司机会驾驶直升飞机或者劳斯莱斯接送客人,酒店顶层设豪华停机坪、休闲高尔夫,每一层都设有私人前台接待处,水下餐厅和各国美味一应俱全,训练有素的管家 24 小时上岗,随时准备为客人提供最热情周到的服务。除此之外,建造者还想尽一切办法将奢侈与舒适发挥到极致,除了必不可少的餐厅、电影院、零售商店、艺术长廊、会议设施外,酒店还为宾客准备了私人礁湖、海滩和温泉。毫无疑问,这家设计超前的酒店将具有令人难以抗拒的魅力。

图 6-8　帆船酒店

世界最大的游轮 2008 年 11 月 21 日在芬兰第二大城市图尔库的一家造船厂下水,长 360 米、宽 65 米、高 72 米,重达 22 万吨。这艘名为"海洋绿洲"号的游轮由总部设在美国迈阿密的皇家加勒比游轮公司订购,造价为 25 亿美元,首航目的地为美国迈阿密。

图 6-9　"海洋绿洲"号

"海洋绿洲"号游轮拥有16层甲板和2700间客房,可搭载5400名乘客,其中还包括许多双层的超级洋房。它是第一艘有7个明显分区的游轮,分别为中央公园、木板路、皇家步行区、众多酒吧饭店、游泳池和运动区、海洋温泉与健身区、娱乐区和少年区。其中,中央公园位于游轮的第8层甲板上,公园长达100米、宽19米。为了让公园中的植物能茁壮成长,此游轮还采用小气候控制技术。娱乐区有15家以上的饭馆和酒吧、一处娱乐场所、一家影院、两家夜总会和一个最大的海上淡水游泳池。

最令人惊异的是,"海洋绿洲"号上还将拥有一个高科技"移动酒吧",它可以在三层甲板之间上下移动,营业时间升空,结束营业后降下。喜欢刺激的人还可以在船上体验世界首条游轮空中绳索的"飞人"感觉。此外,喜欢休闲的人们可以在船上的3个主题露天公园里晒太阳,或是在各类餐厅里享用美食、咖啡。船上还有水晶顶棚设计的酒吧,气氛相当浪漫。当"海洋绿洲"号游轮在海上航行时,堪比一座"旅行的城市"。

2. 水下

美国潜水艇建造专家布鲁斯·琼斯(Bruce Jones)开始在酒店业大展设计才华,位于斐济的一个私人岛屿成为他的"试验场"。

图6-10 波塞冬海下度假村

波塞冬海下度假村被面积5000英亩(约合3.035万亩)的礁湖环绕,豪华套房的面积达550平方英尺(约合51平方米)。所有宾客将搭乘潜艇入住这家海下酒店,费用相当昂贵,每人每晚的入住费高达1.5万美元,其中包含搭乘私人飞机从斐济机场到达"波塞冬"的费用。除了过一把坐潜艇的瘾外,旅客还可以体验帆伞、深礁远足、洞穴探险、戴上自携式水下呼吸器潜水、在海底上跋涉以及各种水上运动。

四、未来狂想

未来酒店的一大特点就是它们在天马行空的狂想之下颠覆了传统造型,任何扭曲折叠对于未来酒店而言都是家常便饭。

在英国公司"汤姆逊假日"(Thomson Holidays)发表了轰动性报告《2024:一个假日奥德赛》时,这家著名旅游运营商便预言未来酒店将建在可折叠的荚状物上,荚状物则建在真正做到可"四海为家"的巨型支柱上。"汤姆逊假日"所指的就是"豆荚"酒店。这种未来酒店能够实现自给自足，宾客可以用最喜欢的图像投射到墙壁上，作为自己房间的设计效果。如果因为度假地无法满足要求，他们还可以将酒店"打包"，尔后朝新的目的地进发，整个过程就像把帐篷折起来一样简单。

充气式太空酒店名为"商用空间站太空漫步者"，由拉斯维加斯的毕格罗宇航公司（Bigelow Aerospace）设计。2007年，无人驾驶的试验性可充气式太空舱"起源1号"从俄罗斯发射升空，并顺利进入轨道。如果一切顺利的话，整座充气式太空酒店将于2015年建造完毕。充气式太空酒店的建造成本只有微不足道的5亿美元，但入住费用却高得惊人，预计最高可达到100万美元。

课后加油站

1. 请你设计一下你心目中的未来酒店，并将你希望未来酒店所具备的功能描述一下。
2. 思考：智能化酒店的发展如何能更好地为酒店住客提供个性化服务？

参考资料

[1] 袁学娅.顾客对未来酒店客房高新技术的需求——第二十六届世界酒店行业技术展览研讨会侧记[J].中国旅游报,2000(10).

[2] 都大明.现代酒店管理[M].上海:复旦大学出版社,2008.

[3] 中国小型豪华酒店联盟.中国小型豪华酒店[M].武汉:华中科技大学出版社,2012.

[4] 熊武一,周家法,卓名信,厉新光,徐继昌,等.军事大辞海·下[M].北京:长城出版社.2000.

[5] 张斌,周晓冬,杨北帆.民间古堡[M].北京:中国建筑工业出版社,2012.

[6] 魏小安.主题酒店:时代的呼唤市场的需要[J].酒店现代化,2005(9).

[7] 魏小安.主题酒店[M].广州:广东旅游出版社,2005.

[8] 孟庆杰,陈学清,谢中田.饭店业导论[M].北京:中国旅游出版社,2009:180—182.

[9] 奚宴平.世界著名酒店集团比较研究(第2版)[M].北京:中国旅游出版社,2012,4.